JN116402

ウェルビーイングを
デザインする

ライフスキル教育プログラム小学校低・中学年用

未来に生きる子どもたちが
自分で決めて
つながる力をはぐくむ

監修にあたって

　JKYB ライフスキル教育研究会中国・四国支部長の池田先生から初めてこのプログラムの構想をお聞きしたのは、神戸大学の私のゼミに池田先生が研究員として在籍しておられた頃ですので、10年近く前のことになりますでしょうか。その後、COVID-19のパンデミックもあり、プログラム開発は頓挫したのではないかと危惧しておりました。しかし、池田先生や青山先生を中心とする先生方は、諦めることなくプログラム開発の作業に取り組まれてきたようです。私は在職中、「諦めない能力」を身に付けることが研究者として重要だということを院生に言い続けてきました。そのことを具現化された先生方に心よりの敬意を表します。

　私たち JKYB は、1988年の発足以来、子どもたちが獲得した知識や態度を好ましい行動へと実現するためには、セルフエスティームやライフスキルの習得が不可欠であると主張し続けてきました。残念ながらこうした主張に対する理解はなかなか広まりませんでした。しかし、最近になって OECD（経済協力開発機構）が人生における成功には「社会情動的スキル」の獲得が不可欠であると主張したり、最新の我が国の学習指導要領において「非認知的能力」の重要性が強調されたりするなど、ライフスキルと類似する心理社会的能力の重要性が注目されるようになってきました。コロナ禍でメンタルヘルスの問題を抱える人や自殺者が増加していることなどを考慮すると、すべての児童生徒を対象としたライフスキル教育が必要不可欠な内容として教育課程に組み込まれることが期待されます。

　セルフエスティームやライフスキルは、本来家庭において乳幼児期にその基盤が育まれるものです。しかしながら、すべての子どもが理想的な家庭環境の中で育つわけではありません。一部の子どもたちは、他の子どもたちに比べて著しく低いセルフエスティームやライフスキルの問題を抱えて小学校に入学してきます。OECD は、「社会情動的スキルへの早期の介入は効率的にスキルを伸ばし、教育・労働市場・社会における格差をなくす上で重要な役割を果たすことができる」（OECD 編著『社会情動的スキル』ベネッセ教育総合研究所、2018）と述べています。

　私は、本書を読まれた方々が、学校の先生、保護者、地域住民などの立場を超えて、すべての子どもたちが幸せで意義ある人生を送れるようにセルフエスティームやライフスキルを育てるという共通の目標を持ち、学校、家庭、地域社会において一貫性のある取組をされることを心より願っています。

JKYB ライフスキル教育研究会代表

神戸大学名誉教授

川畑　徹朗

は じ め に

　少子高齢化、グローバル化や個性の多様化など、変化の激しい未来を生きる子どもたちに、ウェルビーイングを育むこと、幸福感や自己肯定感、他者とのつながりを教育で育むことが求められています。

　「自尊心の育成」は、教育現場が教育活動を通して求め続けていることです。

　しかし、どのようにしてということになると、様々な提案はありますが、直接子どもたちと接する教職員に委ねられているといっても過言ではありません。

　「ライフスキル教育」との出会いは、子どもたちの生活習慣定着に効果的な取り組みはないかと模索していた際、ある学会のチラシで「ライフスキル教育」という研修会を見つけ受講したことがきっかけでした。当時は、「ライフスキル教育」といっても筆者にとっては馴染みのないものでしたが、ライフスキル教育研修会の内容は、当時の文部省が示していた「生きる力の育成」と一致しており、「自尊心の育成」についての意義や手段が明確に示されていました。筆者は、「これだ！」と衝撃に似た感覚を覚えたことを記憶しています。以後、長年にわたって、JKYB ライフスキル教育研究会（代表川畑徹朗）で学びを継続しております。

　JKYB ライフスキル教育研究会では、セルフエスティーム（健全な自尊心）の育成を目的とした小学校高学年から中学校の児童生徒を対象としたライフスキル教育プログラムを発行し、すでに多くの学校で実践され、その効果が実証されていました。しかし、小学校低・中学年のライフスキル教育プログラムの開発は、この時期の児童の特性として、自己認識や他者との関わりが未熟であり、学習内容や方法の制約が大きいこと、児童の発達段階上、プログラムの有効性の評価が困難であることなどから、開発が見送られていました。

　当時、小学校の教員として、不登校やいじめ、友だちとの関係に悩み、教室で学習や活動が一緒にできない子どもたちの苦悩に接するたび、一人一人が生き生きと自分の持てる力を発揮しながら、自分の気持ちをしっかり伝え、周りの子どもたちは、それを尊重し認め合える集団作りができないものかと考えていました。また、5・6年生でライフスキル教育を導入する際、よく使われる用語や、ブレインストーミングなどの教育技法は、授業に取り組む教職員や児童に戸惑いがあることをたびたび感じ、小学校低・中学年から、発達段階に応じて、ライフスキルを身に付けさせることができればと感じておりました。

　こうした折、当時神戸大学大学院教授の川畑徹朗先生にご指導・ご助言をいただける好機に恵まれ、小学校低・中学年ライフスキル教育プログラムの作成に向けた活動が始まりました。小学校低・中学年のライフスキル教育プログラムは、個の成長を促すだけではなく、学級作りや集団の成長にも繋がるとともに、現代的な課題であるいじめや不登校等、人間関係に関わる課題解決に寄与すると確信しています。

　小学校低・中学年版のライフスキル教育プログラム作成については、子どもたちからの形成的評価や実践者からの授業評価により改善を繰り返しながら進めてきました。評価には多々の課題があるこ

とは承知しておりますが、子どもたちの表情や行動、クラスの人間関係や雰囲気など、総合的に検討し、改善を重ねてきたものです。授業に取り組む際、指導の流れや準備物を丁寧に示し、実践者の立場に立って工夫をしています。

　ぜひ子どもたちと一緒に楽しみながら、どの子も「自分が好き」「自分にはやればできる力がある」と感じる学級作りに挑戦していただければ幸いです。

　本プログラムの作成に当たっては、授業提案や改善に向けた数々のご協力ご支援をいただきました、福山市立野々浜小学校、福山市立熊野小学校、府中市立府中明郷学園、府中市立旭小学校の校長先生をはじめ、教職員の皆様、また、作成に当たってご指導ご助言をいただきました神戸大学名誉教授川畑徹朗先生に深く感謝申し上げます。

JKYB ライフスキル教育研究会 中国・四国支部代表　池田真理子

JKYB ライフスキル教育研究会コーディネーター（府中市立府中明郷学園教頭）　青山　俊美

目　次

基礎編

実践編

ユニット1

実践編

ユニット2

基礎編

1 ライフスキル教育の基礎

　WHO 精神保健部局ライフスキルプロジェクトでは、ライフスキルを、「日常生活で生じる様々な問題や要求に対し、建設的かつ効果的に対処するために必要な心理社会的能力である」と定義しています。JKYB ライフスキル教育研究会においては、その概要について、①セルフエスティーム形成スキル、②意志決定スキル、③目標設定スキル、④ストレス対処スキル、⑤コミュニケーションスキルの５つの能力に分類整理しています。

　近年、少子高齢化での社会形成、高度な情報化等、社会が大きく変化し、子どもを取り巻く状況が多様化・複雑化しています。また、災害や感染症等予測困難な状況下で、生活や人間関係等への影響が大きいと考えられます。

　2018（平成30）年に実施された「我が国と諸外国の若者の意識に関する調査」（内閣府）において、日本の子どもたちの自尊感情と自己有能感は諸外国に比べて低いという調査結果が紹介されています（図表１、２）。

　また、全国学力学習状況調査の児童質問紙でも、「自分自身に満足している」「自分が好きである」「自分は周りの人から認められている」等の項目において、同様の傾向が明らかになっています。

図表1　私は、自分自身に満足している

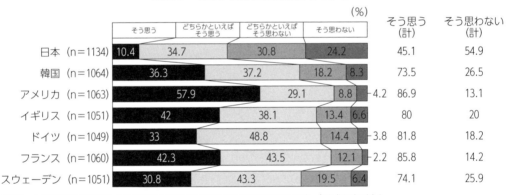

出典）内閣府政策統括官「我が国と諸外国の若者の意識に関する調査（平成30年度）」

図表2　うまくいくかわからないことにも意欲的に取り組む

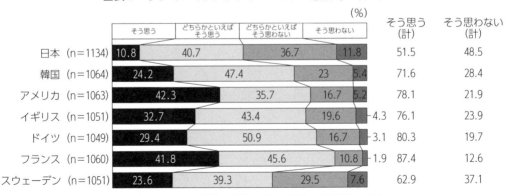

出典）内閣府政策統括官「我が国と諸外国の若者の意識に関する調査（平成30年度）」

こうしたことから、「令和の日本型学校教育の構築を目指して」（2021〈令和 3〉年中央教育審議会答申）において、子どもたちに育むべき資質・能力として、「自分の良さや可能性を認識するとともに、あらゆる他者を価値ある存在として尊重し、多様な人々と協働しながら様々な社会的変化を乗り越え、豊かな人生を切り拓き、持続可能な社会の創り手となることができるようにすることが必要」と示されています。

さらに、2023（令和 5）年 3 月 8 日中央教育審議会から出された「次期教育振興基本計画について（答申）」において、日本社会に根差したウェルビーイングの要素としては、「幸福感（現在と将来、自分と周りの他者）」「学校や地域での繋がり」「協働性」「利他性」「自己実現（達成感、キャリア意識など）」「心身の健康」「安全・安心な環境」などを挙げており、これらはまさに、JKYB ライフスキル教育研究会が掲げる 5 つのライフスキルの育成と目的を一とするものです（図表 3）。

図表 3　5 つのライフスキル

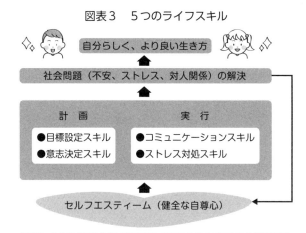

出典）JKYB 研究会編『新刊ライフスキルを育む食生活教育』
東山書房、2002（一部改変）

2 5つのライフスキル

1）セルフエスティーム（健全な自尊心）形成スキル

JKYB ライフスキル教育研究会では、セルフエスティームを「健全な自尊心」と捉えています。これは、自分らしくより良く生きるための基盤です。セルフエスティームが高ければ他のライフスキルにも優れ、様々な問題を建設的かつ効果的に解決することができ、さらに、そうした経験の積み重ねがセルフエスティームを高めるという好循環を生むのです。

アメリカの心理学者ナサニエル・ブランデンは、セルフエスティームとは、成功し幸せになる価値があると感じる「自己尊重（価値）感」と、人生の挑戦に立ち向かう力があると感じる「自己有能感」の 2 つが柱であると述べています。また子どもの頃には、大人から尊重され、愛され、価値

を認められ、自信を持つように励まされるかどうかによってセルフエスティームが育ったり、育たなかったりするとも言っており、子どもたちを取り巻く周囲の大人の影響が大きいといえます。

　しかし、子どもたちは成長するにつれて、自分自身の力でセルフエスティームを高められるようになることが期待されます。JKYBライフスキル教育研究会では、子どもたちが自分のセルフエスティームを高めることができるようになるために、自分の個性に気付き尊重する「個性の感覚」、自分にはやればできる力があると感じる「有能性の感覚」、自分には安心な人・場所・ものがあると感じる「絆の感覚」の３つの構成要素を意識して取り組んでいます。

2）意志決定スキル

　学校生活において、子どもたちには様々な場面で「自分で決める」ことが求められます。

　例えば、休憩時間に友だちと遊ぶかどうかについても、いつ、だれと、どこで、何をするなど、意識するかどうかは別として様々な決定をしています。衝動的に行動することもあり、その結果としてトラブルになることも少なくないのが、小学校低・中学年の特徴ともいえます。

　意志決定スキルとは、「問題状況において幾つかの選択肢の中から、最善なものを選択する能力」と言われています。これは、コミュニケーション力とも深く関わりがあり、多様化、複雑化する現代社会においては、大変重要なスキルであると考えます。

　『生徒指導提要』（文部科学省、2022〈令和４〉年12月）においては、生徒指導の目的を達成するためには、「児童生徒一人一人が自己指導能力を身に付けることが重要」と述べています。そこで、実践上の視点の１つに「自ら考え、選択し、決定する」自己決定の場を設けることを意識し、「意志決定の能力」を高める学びの提供が重要であると考えます。

　JKYBライフスキル教育研究会では、意志決定のステップを学び、日常的に活用することで、より良い決定をすることができるようになる児童の育成を目指しており、意志決定のステップを、

　①問題の明確化
　②問題解決のための複数の選択肢の列挙
　③必要な情報収集とその分析
　④各選択肢がもたらす結果の長所と短所を予測
　⑤置かれた状況や自分の能力を考慮して決定
　⑥その有効性の評価
としています。

　なお、小学校低・中学年プログラムでの意志決定のステップは、発達段階を考慮し、赤、黄、青の３つのステップで示しています。

赤：決めなければならない問題は何かな

黄：できるだけ多くの選択肢を挙げて、それを実行した時の良い点と困った点を考えよう

青：自分にとって最も良い選択肢を理由とともに選ぼう

　こうした意志決定のステップを使って考える経験を小学校低・中学年から積み重ねることで、人生において重要な決断を迫られる場面において、より良い意志決定ができるようになると考えます。

3）目標設定スキル

　「今日の目標」「学期の目標」など、学校内では日常的に目標作りが行われています。しかし、達成感に繋がる目標設定となっているでしょうか。

　目標設定スキルとは、「現実的で健全な目標を設定、計画、到達させる能力」であり、そのステップは、

　①目標のリストアップ

　②自分の能力、資源、価値観などに照らし合わせて、目標を設定

　③目標を達成するために必要な情報を収集し、到達のための手段の検討

　④目標達成のための手順の整理と短期目標の設定

　⑤計画に従って実行

　⑥計画の有効性の評価

としています。ポイントは、実現可能な目標の吟味と設定、それを達成するための1週間、または1か月の短期的な計画を立て、定期的に確認しながら実行することです。小学校低・中学年においては、特に家族や仲間などの協力や応援などもとても大切な要素となります。

4）ストレス対処スキル

　ストレス対処スキルとは、「ストレスの原因とその影響を認識し、ストレスの原因を少なくしたり、避けられないストレスの影響を小さくしたりする能力」です。

　その内容は以下の4点です。

　①自己の主なストレス源を明確化

　②ストレスによって引き起こされる身体、精神、行動面における反応への気付き

　③ストレスへの対処法の検討

　④ストレスへの対処法を練習し、日常に生かす実践

　特に、「③ストレスへの対処法の検討」については、生じた不快な情動を変えることを目的とした「情動焦点型」ではなく、ストレスの原因と

なっている事柄を積極的に解決しようとする「問題焦点型」の対処法を身に付けるための学習にしています。

5）コミュニケーションスキル

コミュニケーションスキルとは、「自分の気持ちや考えを上手に伝え、相手の気持ちや考えを理解する能力」です。

新型コロナウイルス感染症が流行し、感染予防のためのマスクを着用した社会生活下においては、コミュニケーションにも大きな影響があったと考えます。

前述の「我が国と諸外国の若者の意識に関する調査」（内閣府、2018〈平成30〉年）において、日本の子どもたちのコミュニケーション能力が低いと紹介されています（図表4）。

図表4　自分の考えをはっきり相手に伝えることができる

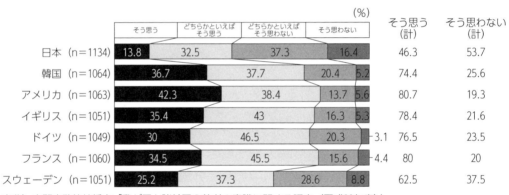

	そう思う	どちらかといえばそう思う	どちらかといえばそう思わない	そう思わない	そう思う（計）	そう思わない（計）
日本 (n＝1134)	13.8	32.5	37.3	16.4	46.3	53.7
韓国 (n＝1064)	36.7	37.7	20.4	5.2	74.4	25.6
アメリカ (n＝1063)	42.3	38.4	13.7	5.6	80.7	19.3
イギリス (n＝1051)	35.4	43	16.3	5.3	78.4	21.6
ドイツ (n＝1049)	30	46.5	20.3	3.1	76.5	23.5
フランス (n＝1060)	34.5	45.5	15.6	4.4	80	20
スウェーデン (n＝1051)	25.2	37.3	28.6	8.8	62.5	37.5

出典）内閣府政策統括官「我が国と諸外国の若者の意識に関する調査（平成30年度）」

本来、コミュニケーションは、言語的なものと非言語的なものを駆使して成り立っています。また、自己主張的に自分の気持ちを伝え、相手の思いや考えを受け入れるといった双方向のやり取りが必要です。しかし昨今、このバランスが崩れた状態が長く続き、今後のコミュニケーションに大きな影を残すのでは、と心配されています。今後、デジタル社会、グローバル社会に生きる子どもたちにとって、相手を尊重しながら適切で巧みな言語力と表現力を発達段階に応じて身に付けることは大変重要です。

こうした状況下において、自分の気持ちをいかに上手に伝えるかの学習は大変重要であり、JKYBライフスキル教育研究会では、

①コミュニケーションの言語的要素と非言語的要素への理解

②コミュニケーションの3つのタイプ（受動的、攻撃的、自己主張的）

③コミュニケーションが双方向のプロセスであることへの理解

の内容を、実際の場面を想定しながらロールプレイング等の演習により、体験的に学んでいきます。

3 プログラムの構成と使い方

1) プログラムの構成について

　本プログラムは、ユニット1とユニット2の2部構成としています（実践編）。

　ユニット1は、基礎的なライフスキル教育の内容で各学年5時間、ユニット2は、いじめ未然防止に特化した内容で各学年2時間で構成しています。特別活動や特別の教科道徳の時間を中心に、各学校の実態に応じて、生活科、総合的な学習の時間にも取り扱うことができます。

　ユニット1とユニット2の各学年の題材と授業目標（指導のねらい）は以下のようになっています。

ユニット1

【セルフエスティーム形成スキル育成】

学年	題　材	授　業　目　標
1年	だいすき「わたし」	①自分の良さに気付き、表現することができる ②自分の良さや友だちの良さを認め合うことができる
2年	みんなのすてきを見つけよう	①友だちの良いところを、言動から見つけて伝えることができる ②自分の良さに気付くことができる
3年	自分をしょうかいしよう	①自分らしさ（個性）に気付き、自分ができることを見つけることができる ②互いの自分らしさに気付き、認め合う
4年	友だちをしょうかいしよう	①インタビューをし、友だちの良さを紹介することができる ②互いの良さや違いを認め合うことができる
	友だちっていいな	①良い友人関係の要素に気付くことができる ②自分がどんな友だちになりたいかを考える

【意志決定スキル育成】

学年	題　材	授　業　目　標
1年	どっちをえらぶ	①複数の選択肢の中から理由を考えて1つを選ぶことができる ②自分の行動は、すべて自分が決めて行っていることに気付くことができる
2年	どんな方ほうがあるかな	①問題の解決方法は1つではないことに気付くことができる ②問題解決のための選択肢を複数挙げ、自分にとってより良い方法を選ぶことができる
3年	よい決め方のひけつ	選択肢の「よい点」「こまった点」を考えることで、良い決定ができることに気付くことができる
4年	これに決めた	①意志決定のステップを使うと良い決定ができることに気付くことができる ②より良い決定をする際のポイントを知り、意志決定をすることができる

【目標設定スキル育成】

学年	題 材	授 業 目 標
2年	2年生になったよ	①できるようになったことがたくさんあることを知る ②できることを増やすために、目標を立てて取り組むことが大切であることに気付くことができる
3年	わたしのちょうせん （2時間扱い）	①目標を達成することの意義を知る ②良い目標の立て方に基づいて、1か月で達成できそうな目標を決めることができる ③目標を達成するために、互いに励まし合うことの大切さを知る

【ストレス対処スキル育成】

学年	題 材	授 業 目 標
1年	うれしいことかな、いやなことかな	①不安や悩みの原因になりやすい事柄に気付くことができる ②不安や悩みの原因になる事柄には個人差があることに気付くことができる
2年	どんなきもちかな	①日常の出来事についてうれしいか不快かを考え、表現する ②感情には、個人差があることに気付くことができる
4年	不安やなやみの原いんを知ろう	①不安や悩みの原因になる出来事には個人差があることに気付くことができる ②不安や悩みを解決するための方法を知る

【コミュニケーションスキル育成】

学年	題 材	授 業 目 標
1年	あいさつをしよう	①気持ちの良いあいさつを知り、実践する態度を育てる ②あいさつは言語だけでなく、非言語的側面も大切であることに気付くことができる
	きもちつたわったかな	①気持ちや思いを効果的に伝える非言語的なコミュニケーションの良さに気付くことができる ②非言語的なコミュニケーションを実践しようとする態度を育てる
2年	あったかことばの力	①言葉には、使い方によって、気持ちを温かくしたり、傷つけたりすることがあることを知る ②心を温かくする言葉を使うことで、友だちとの関係が良くなることに気付くことができる
3年	聞き方マイスターになろう	①上手に話を聞くための要素が分かる ②学校生活や日常生活で上手に話を聞くスキルが活用できるようになる
4年	自分の気持ちを伝えよう	①トラブルが生じた時、自己主張コミュニケーションが効果的であることに気付くことができる ②自己主張コミュニケーションの仕方を確認する

ユニット2

【いじめ未然防止】

学年	題　材	授　業　目　標
1年	こまったな。どうしよう	①複数の選択肢の中から、その結果を考えて、自分にとってより良いものを1つ選ぶことができる ②すべての行動は、自分が決めて行っていることに気付くことができる
	いやなことをするのはやめて	友だちに困ったことをされた時、自分の気持ちを効果的に伝えるために、言葉と非言語的なコミュニケーションを合わせて使うことができる
2年	こまったな。たすけて	①友だちからプレッシャーを受ける場面において、解決方法は1つではないことに気付くことができる ②問題を解決するために、複数の選択肢の中から1つを選ぶことができる
	友だちにたすけをもとめよう	友だちからプレッシャーを受ける場面において、周りの友だちに助けを求めることができる
3年	やめようと言おう	①いじめをしている子を注意するための選択肢を挙げることができる ②仲裁者としての言動が、いじめ問題を解決する1つの手立てであることに気付くことができる
	こまっている友だちを助けよう	①自己主張コミュニケーションスキルの要素が分かる ②自己主張コミュニケーションスキルを活用して、困っている友だちを助ける方法を考えることができる
4年	友だちを助ける方法を考えよう	①困っている友だちを助ける方法を複数挙げる ②意志決定ステップを使い、自分にとって最も良いと思う選択肢を選ぶことができる
	自分の気持ちを伝えよう	①いじめの解決には、自己主張コミュニケーションスキルが効果的であることに気付くことができる ②自己主張コミュニケーションスキルを活用することができる

※ユニット2の作成に当たっては、筆者が所属するJKYBライフスキル教育研究会中国・四国支部の運営委員が原案を提示して検討を重ね、作成しました。

　ユニット1では、先述の5つの基礎的なライフスキルである「セルフエスティーム形成スキル」「意志決定スキル」「目標設定スキル」「ストレス対処スキル」「コミュニケーションスキル」の育成を目指しています。つまり、自己を認識し、目標を持ち、それを達成するために自分で意志決定し、困った時には他人を頼ったり、上手にストレスを回避したりして、自分らしく生きることができる力を培います。

　特に意志決定スキルの育成については、発達段階を考慮してプログラムを構成しました。1年次では、いろいろな場面設定において、複数の選択肢から1つを理由を付けて選ぶ経験をし、2年次では、できるだけ多くの選択肢を挙げ、その中から自分にとってより良いものを選ぶ経験、3年次では、選択肢の良い点・困った点を考えることで、より良い意志決定をする経験、4年次では、意志決定のステップを使う経験をします。体験的に繰り返して意志決定のステップを使いながら、友だちの意見から学ぶ参加型の学習形態にこだわり、作成していることが特徴です。

　また、ストレス対処スキルの育成については、小学校低・中学年の発達段階を考慮し、「ストレ

ス」という言葉の使用は控え、「うれしいことかな、いやなことかな」という表現を使用しています。加えて、発達段階や特別の教科道徳との関連性を考慮し、周りに助けを求めることの必要性についても学習できるようにしています。

　プログラムを実施することで、小学校低・中学年の児童が、自分の思いを上手に相手に伝えたり、相手の気持ちを受け入れたり、多様性に気付いたりすることでいじめをはじめとするトラブルを回避することができる力を培います。

　このように、ユニット1では児童はこれら5つのライフスキルを身に付けることで、自身のセルフエスティーム（健全な自尊心）を高め、自分に自信を持ち、主体的に活動することができます。低学年から、自ら考えて行動し、自分の考えをしっかりと相手に伝え、かつ思いやりを持ち、相手の思いを受け入れることができる児童を育成することは、人生の困難に立ち向かう力であるレジリエンスを身に付け、いろいろな物事に果敢に挑戦する行動性を培うことに繋がります。

　また、本プログラムは人間関係作りにも役立ちます。教師は、ライフスキル教育を実施することで、児童が自分の特性や友だちの良さを知り、伝え合い、認め合う温かい学級を作ることができます。

　次に、ユニット2では、ユニット1で学んだ「意志決定スキル」「コミュニケーションスキル」を活用しながら、問題解決をするという内容になっています。実際に起こりそうな身の回りのトラブルの中でも、いじめに繋がりそうな事柄を想定し、それを目撃した時、どのように行動すればいじめ問題に繋がらないかを、意志決定のステップを使って考え、ロールプレイングで対処する練習をします。自分ならどのようにするかを考えて行動する練習を通して心理的免疫力を高めることで、いじめ問題の未然防止に繋がります。

2）プログラムの使い方

　本プログラムの特性として、各学年の発達段階を考慮し、その時期にふさわしいスキルの形成を目指すことに重点を置いています。すでに発行されている5・6年生のライフスキル教育プログラムのねらいに繋がるように、1〜4年生を系統立て、段階的に発展させています。また、児童が取り組みやすいように、探究的な活動や協働的なゲームを取り入れ、子どもたちが楽しく学べるように工夫しています。

　本プログラムは、教材研究や指導がしやすいように2段階で表しています。まず、指導過程の概略で大まかな概要を示し、次に指導の実際で詳細を示しています。指導の実際では、▶で活動や指導内容を示し、 ヒント で教師が児童の実態に応じて配慮すべき事項を示しました。そして、教師が何をどのように児童に伝えればよいか、話す内容をシナリオ風に示しています。

　また、写真や図で板書例や児童の様子を載せています。本プログラムを読みながら指導内容を把握し、活動シートや児童用資料、掲示用資料等を活用して活動を進めていくことができます。さらに、授業改善に役立てていただくために、評価シートをプログラムごとに用意しています（付属CD-ROMに収録）。

なお、本プログラムに出てくる手法は、各教科や領域でも活用できます。多様な意見や考えを引き出すブレインストーミングは、各教科や領域等の話し合いの場に活用することができます。ロールプレイングは、実際の場面を想定し、役割を演じながら対処する方法です。

　詳しい内容やルールは以下の通りです。

（1）ブレインストーミング

　語源は、脳の中に（ブレイン）、嵐を呼び起こす（ストーミング）という意味で、グループで協力してできるだけたくさんのアイデアを出す話し合いの手法の1つです。

　やり方についてです。あらかじめ、1人10枚程度の短冊を用意しておきます。

①司会者を1人決めます。

　司会者の役割は、出されたアイデアがすでに出たものではないことを確認することで、全く同じもの以外はすべて認めるようにします。もちろん司会者も意見を出しても構いません。

②与えられたテーマに対して、アイデアを思い付いたら手を挙げます。

③司会者に当てられたら、声に出してアイデアを言います。

④司会者に「OK」と言われたら、自分で短冊にそのアイデアを書きます。

⑤アイデアを書いた短冊は、みんなが見えるように机の中央に置きます。

これを繰り返します。

　なお、JKYB ライフスキル教育研究会でのブレインストーミングの目的は、できるだけ多くのアイデアを出すことのみではなく、何でも言える人間関係を醸成することを目指しています。そこで、次の3つのルールがあります。

①批判厳禁

　出されたアイデアは全部認めます。友だちを批判したり、反対意見を言ったりしてはいけません。

②質より量

　良いアイデアを出そうと思わないで、できるだけたくさんのアイデアを出します。

③便乗OK

　友だちの意見を聞き、それに付け加える形で新しいアイデアを出してもよいとしています。

　たくさんのアイデアを考えながら、互いの意見を認めたり、友だちの意見から考えを広げたり深めたりする、そのような話し合いがより良い人間関係作りに繋がります。

ブレインストーミングの進め方

1　司会者を決める。
2　短ざくを配る。
3　アイデアが思いついたら手をあげる。
4　司会者に当てられたら、声に出してアイデアを言う。
5　OKをもらったら、アイデアを短ざくに書く。
6　短ざくをつくえの中央に置く。

3つのルール
☆批判厳禁…出されたアイデアは、全部みとめる。
☆質より量…よいアイデアを出そうとは思わないで、できるだけたくさんのアイデアを出す。
☆便乗OK…友だちの意見をよく聞き、つけ加えて新たなアイデアを出してもよい。

（2）ロールプレイング

　ロールプレイングとは、実際に近い場面を想定し、その中で役割を演じて問題の解決を図ることで、日常生活で生かすことができるスキルを習得させる学習方法です。JKYB ライフスキル教育研究会の

ロールプレイングは、いじめる役やいじめに誘うなどの子どもにとって好ましくない役は教師が行い、児童がいじめる体験や嫌な思いをしないように配慮しています。児童の役割は、演技者と観察者です。演技者は、教師の合図とともに演技をし、教師の合図とともに演技を終え、演技と現実の切り替えを行います。ロールプレイングは、現実の場面を想定した場で、いざという時に適切な行動や対処ができるように練習することが大切です。観察者は、演技者が目的やめあて、ルールに沿った演技をしているかを評価し、演技者に伝える役割を担います。自己評価のみならず他者評価ができるように工夫しています。

実践編

ユニット

1

あいさつをしよう
——気持ちの良いあいさつについて考える——

1 指導のねらい

・気持ちの良いあいさつを知り、実践する態度を育てる

・あいさつは言語だけでなく、非言語的側面も大切であることに気付くことができる

> 　日常生活で用いるあいさつは、時間、場所、場面に応じて「おはようございます」「行ってきます」「おやすみなさい」など様々使われています。あいさつは、それ自体は意味をなす言葉ではなく、互いに安心したり、存在を認め合ったりするものであると言われています。
>
> 　特に、その日初めて出会った人と交わす「おはようございます」は、互いに「早くからお疲れさま」と労をねぎらい、存在を認め合い、今日一日を頑張りましょうという励まし合う意味合いを持つと考えられます。
>
> 　本時では、良いあいさつの仕方について学び、互いに気持ちの良いあいさつができるようにするためにこの題材を設定しました。

2 準備するもの

◉ 活動シート 1 - 1：「あいさつをしよう」

◉ 活動シート 1 - 2：
　「じょうずにあいさつできるかな」

◉ フラッシュカード（5 種類）

◉ 場面絵カード（6 種類）

活動シート 1 - 1

活動シート 1 - 2

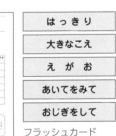

| はっきり |
| 大きなこえ |
| え　が　お |
| あいてをみて |
| おじぎをして |

フラッシュカード

場面絵カード

③ 教育課程との関わり

特別活動　学級活動　生活科　特別の教科道徳（B. 主として人との関わりに関すること-(8)）

④ 指導過程（概略）

	活動のステップ	活動のポイント	準 備 物
導入	**Step 1** 本時のねらいを確認する	①教師は、本時はあいさつについて学習することを説明する ②どんなあいさつがあるかについて発表する	
展開	**Step 2** 朝の良いあいさつの仕方を確認する	①教師による良いあいさつを見て、どこが良かったかを発表する ②「はっきり」「大きなこえ」「えがお」「あいてをみて」「おじぎをして」の5つのポイントを確認する	フラッシュカード（5種類）
	Step 3 朝の良いあいさつの仕方を練習する	③3人一組で、「あいさつをする人」「聞く人」「見る人」を交代しながら、あいさつの練習をする ④「見る人」は、活動シート1-1「あいさつをしよう」でチェックをする ⑤良かったところを伝え合う	活動シート1-1「あいさつをしよう」
	Step 4 場面に応じたあいさつの仕方を練習する	⑥場面絵カードを引き、その内容に応じたあいさつの仕方を練習する ⑦相手の良かった点を発表する ⑧教師は、良かった点を板書する	場面絵カード（6種類）
まとめ	**Step 5** 本時の学習内容を振り返る	①活動シート1-1「あいさつをしよう」2、3を記入する ②学習の感想を発表し合う ③教師は、活動シート1-2「じょうずにあいさつできるかな」を家庭に持ち帰り、練習するように伝える	活動シート1-2「じょうずにあいさつできるかな」

5 指導の実際

① 導 入

Step 1 本時のねらいを確認する

▶教師は、本時は「あいさつ」について学習することを伝えます。

▶日頃からよく使っている「あいさつ」には、どのようなものがあるかを発表します。

> 皆さんは、朝、元気よく「おはようございます！」と「あいさつ」をしています。
> 他にも、どんなあいさつをしていますか。いつ、どこで、だれと、どんな「あいさつ」を
> しているか、発表しましょう。

▶教師は、児童の発言を板書します。

▶教師は、日頃いろいろな人や場所で、その場面に合った「あいさつ」をしていることを、板書を
使いながら確認します。

> 皆さんは、こんなにたくさんの「あいさつ」をしています。
> いろいろな人と、いろいろな時や場所に合った「あいさつ」をしていることが分かりまし
> た。
> 今から、朝のあいさつ「おはよう」について、みんなで考えていきましょう。

② 展 開

Step 2 朝の良いあいさつの仕方を確認する

▶教師は、「校門の前で、登校してきた1年生のA君が、先生と出会いました」という設定で、良
いあいさつの演技をします。

▶教師は、「はっきり」「大きなこえ」「えがお」「あいてをみて」「おじぎをして」を意識して、演
技をします。

> 校門の前で、登校してきた1年生のA君が、先生と出会いました。A君が「あいさつ」
> をしているところを見てください。どこが良かったのか後で発表してもらいますから、
> しっかり見ておいてください。

ヒント 教師は、事前に相手役の教職員を依頼しておくとよい。
A君役は、ランドセル、帽子などの小物を活用するとよい。

▶演技を見て良かったことを発表します。

> A君のどんなところが良かったですか。発表してください。

▶教師は、「はっきり」「大きなこえ」「えがお」「あいてをみて」「おじぎをして」の5つのポイントに整理して板書します。
▶教師は、あらかじめ用意したフラッシュカードを貼って、児童の発表を集約しながら、あいさつをする時に大事にしたい5つのポイントとして確認します。

Step 3 朝の良いあいさつの仕方を練習する

▶教師は、あらかじめ3人グループを作っておきます。
▶教師は、活動シート1-1「あいさつをしよう」を配付します。自分のクラスと名前を書いて、待つように伝えます。

> ではこれから、グループで「おはようございます」の練習をします。あいさつをする時に大事にしたい5つのポイント「はっきり」「大きなこえ」「えがお」「あいてをみて」「おじぎをして」を使って、このあいさつなら最高と思うあいさつを一人一人練習してみましょう。初めに、3人グループで「あいさつをする人」「聞く人」「見る人」を決めましょう。

▶教師は、グループごとに役割が決まったことを確認します。

> 「あいさつをする人」は「見る人」に自分のワークシートを渡し、書いてもらいましょう。
> 「見る人」は「はっきり」「大きなこえ」「えがお」「あいてをみて」「おじぎをして」あいさつができているかを見て、できている項目に○を付けます。さらに、特に良いと思うことも書いておきましょう。
> 「聞く人」は、「あいさつをする人」に合わせて、あいさつをしましょう。
> では、始めてください。(すべてのグループが終わったことを確認して)では、「あいさつをする人」の良かったところを伝えましょう。(すべてのグループが終わったことを確認して)では、役割を交代しましょう。(全員が、あいさつの練習ができるまで、繰り返す)

Step 4 場面に応じたあいさつの仕方を練習する

▶人、時間、場所が違う場面を想定したあいさつの練習をします。

▶教師は、あいさつの練習で学んだことを使って練習をさせます。

朝学校へ出かける時、おうちの人にするあいさつは何ですか。（児童に答えさせる）
そうです、「行ってきます」ですね。では、今日習った５つのポイントを使って、先生に
あいさつをしてください。では、立ちましょう。（場面絵カードを利用して一斉に練習を
する）

ヒント

朝学校へ出かける時	…… 「行ってきます」
お昼に地域の人に出会った時	…… 「こんにちは」
おうちに帰った時	…… 「ただいま」
給食やご飯を食べる時	…… 「いただきます」
給食やご飯を食べ終わった時	…… 「ごちそうさま」
夜寝る時	…… 「お休みなさい」

③ まとめ

Step 5 本時の学習内容を振り返る

▶教師は、振り返りを書かせ、数名の児童に発表させます。

今日の学習を振り返ります。活動シート１-１「あいさつをしよう」の２に、あいさつを
した時の気持ちとして、当てはまる顔のマークに色を塗りましょう。あいさつについて、
気付いたことや分かったことを３に書きましょう。（全員が記入し終えたことを確認し
て）何人かに発表してもらいます。（数名の児童に発表させる）
今日はいろいろなあいさつの仕方を練習しました。５つのポイントを使ってあいさつをす
ると、する人もされる人も気持ちが良いですね。今日習ったことをおうちでもやってみま
しょう。（活動シート１-２「じょうずにあいさつできるかな」を配付する）
学校の中でも、元気なあいさつが聞こえてくることを楽しみにしています。

6 家庭や地域と連携した活動

　活動シート１-２「じょうずにあいさつできるかな」を家庭に持ち帰り、おうちの人と練習するよ
うにします。

きもちつたわったかな
──上手に自分の感情や思いを伝えるにはどうしたらよいのかを考える──

ユニット 1 コミュニケーションスキル育成

1 指導のねらい

・気持ちや思いを効果的に伝える非言語的なコミュニケーションの良さに気付くことができる

・非言語的なコミュニケーションを実践しようとする態度を育てる

　　1年生は、言葉遣いや表情、態度などコミュニケーション力が未成熟な時期であるため、相手に気持ちが伝わらなかったり、トラブルを引き起こしたりすることが少なくありません。そのため、自分の感情や思いを伝える時には、言葉と非言語的なコミュニケーションが大切であることを知り、その方法を身に付けることは大切なことです。

　　本時では、言葉だけでなく非言語的なコミュニケーションによる自分の感情や思いの伝え方を学び、身に付けることができるようにするために、この題材を設定しました。

2 準備するもの

◎ 活動シート 2-1：「きもちつたわった」

◎ 活動シート 2-2：「ありがとうをつたえよう」

◎ フラッシュカード（5種類）

・じゃんけん用カード
　　（色画用紙を名刺大の大きさに切ったもの、人数×5枚）

・シール（人数×5枚）

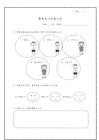

活動シート 2-1　　活動シート 2-2

うれしい

かなしい

くやしい

はらがたつ

こまった

フラッシュカード

3 教育課程との関わり

特別活動　学級活動　生活科　特別の教科道徳（B. 主として人との関わりに関すること-(8)）

4 指導過程（概略）

	活動のステップ	活動のポイント	準 備 物
導入	**Step 1** じゃんけんゲームをする	①1人5枚ずつカードを持ち、相手を見つけ、名前とあいさつをしてからじゃんけんをする ②じゃんけんに勝った人は、負けた人からカードを1枚もらう ③教師は、カードの数を確認し、たくさんの人とあいさつができたことを称賛する	じゃんけん用カード（人数×5枚）
展開	**Step 2** じゃんけんに勝った時の言動や表情を考える **Step 3** コミュニケーションには、言葉を使うものと使わないものがあることを確認する **Step 4** 様々な気持ちを、言葉を使わない方法で表現するゲームをする **Step 5** ゲームをして気付いたことを発表する	①じゃんけんゲームで勝った時、どんなことを言い、どんな行動を取ったかを思い出して発表する ②非言語的なコミュニケーションの方法（ボディーランゲージ）にも、様々な方法があることに気付く ③ペアで、交代しながらフラッシュカードの内容をボディーランゲージだけで表現し、相手に伝える ④フラッシュカードの内容が伝わったら、相手の活動シート2-1「きもちつたわった」にシールを貼る ⑤フラッシュカードの枚数分、繰り返す ⑥言葉は使わなくても伝えることができた気持ちと難しかった気持ちについて、理由を述べながら発表する	活動シート2-1「きもちつたわった」 フラッシュカード（5種類） シール（人数×5枚）
まとめ	**Step 6** 本時の学習内容を振り返る	①学習して分かったことや気付いたことを、活動シート2-1「きもちつたわった」2、3に記入する ②言葉と表情等のボディーランゲージを使うことで、上手に気持ちを表すことができることを確認する	

5 指導の実際

① 導　入

じゃんけんゲームをする

▶教師は、ゲームの内容について説明します。

▶教師は、じゃんけん用カードを児童の人数×５枚ずつ用意しておきます。

ヒント あらかじめ色画用紙を名刺大の大きさに切って用意しておく。

> これから、じゃんけんゲームをします。１人５枚ずつカードを持ち、できるだけ多くの人とじゃんけんをします。友だちを見つけ、互いに自分の名前を言ってあいさつをします。「○○です。よろしくお願いします」そしてじゃんけんをします。勝った人は、負けた人からカードを１枚もらいます。始めと終わりは先生が合図をします。途中でカードがなくなった人は自分の席に戻りましょう。
> では、始めます。

▶教師は、カードがなくなり席に着く児童が出始めた頃に、終わりの合図を出すようにします。（３〜５分程度）

▶教師は、手持ちのカードを数えさせ、たくさんの友だちとじゃんけんができたことを称賛します。

② 展　開

じゃんけんに勝った時の言動や表情を考える

▶じゃんけんに勝った時のうれしい気持ちの表し方を振り返ります。

▶教師は、児童の発表を言葉と顔や体の動きに分けて板書します。

> では、じゃんけんゲームをしている時のことを思い出してください。じゃんけんに勝った時、どんな気持ちで、その時どんな**言葉**と**顔や体の動き**をしたでしょうか。自分のことが思い出せない時は、友だちがどんなことをしたかを発表してもよいですよ。たくさん挙げてください。

Step 3 コミュニケーションには、言葉を使うものと使わないものがあることを確認する

▶教師は、板書を見ながら、「うれしい」「やったー」「勝った」など喜びを表現する言葉と、顔や体の動きで表す方法があることを確認します。

▶教師は、非言語的なコミュニケーションの方法（ボディーランゲージ）にも、様々な方法があることに気付かせます。

ヒント できるだけ、児童が表現した言葉でまとめるようにする。

> 皆さんが発表したことをまとめてみましょう。「うれしい」「やったー」「勝った」などうれしい気持ちを表す言葉と、笑顔になった、飛び上がった、大きく手を挙げたなどの顔や体の動きで表現したことが分かりました。言葉と、顔や体の動きの両方で、うれしい気持ちを伝えていたのですね。

Step 4 様々な気持ちを、言葉を使わない方法で表現するゲームをする

▶教師は、「うれしい」「かなしい」「くやしい」「はらがたつ」「こまった」などの感情を表すフラッシュカードをあらかじめ封筒などに入れ、児童に見えないようにして用意しておきます。

▶2人ずつペアになり、初めに見る児童と表現する児童を決めます。

▶表現する児童は教師が示すフラッシュカードの感情を、言葉を使わないで表現します。

▶教師は、1つのフラッシュカードの表現が終わるごとに全体で、フラッシュカードの内容やシールを貼る位置について確認します。

▶見る児童は、「よく伝わった」と思ったら、表現する児童の活動シート2-1「きもちつたわった」の1の該当する欄にシールを貼ります。

ヒント 机間指導の際、上手に表現できている児童を確認しておくとよい。

> 今度は、言葉を使わなくても、気持ちが伝わるかどうか実験をしてみましょう。
> 2人ずつペアでします。1人はする人、もう1人は見る人です。する人は先生が見せるカードに書いてある気持ちを、言葉を使わないで、顔と体の動きで伝えてください。見る人は、友だちがどんな気持ちを表しているか当ててください。
> では、する人は前に来てください。（カードを見せる。自分の席に戻って表現させる）今のはどんな気持ちだったでしょう。（児童に発表させる）
> そうですね、○○ですね。見る人は当てることができましたか。合っていたらする人の活動シート2-1「きもちつたわった」の1の○にシールを貼ってください。（する人が5回表現したら役割を交代させる）

Step 5 ゲームをして気付いたことを発表する

▶教師は、言葉を使わなくても伝えることができた気持ちと、表現することが難しかった気持ちなど、ゲームを通して分かったことや気付いたことを発表させます。

ヒント 教師は、フラッシュカードの内容を上手に表現できている児童に、前に出て演じさせて確認するとよい。
教師は、活動シートに振り返りを書く際の参考とするため、児童の意見をまとめて板書しておくとよい。

> どの気持ちが伝えやすかったですか。（フラッシュカードを順に示し児童に挙手させる）
> どの気持ちが伝えにくかったですか。（児童に挙手させる）伝える時に工夫したことを発表しましょう。（数名の児童に発表させる）
> そうですね。顔や体の動きを工夫すると気持ちを伝えることができると分かりましたね。
> しかし、伝えることが難しい気持ちの時は、言葉も合わせて上手に使うと伝わりやすいですね。

③ まとめ

Step 6 本時の学習内容を振り返る

▶教師は、学習して分かったことや気付いたことについて、板書を参考に活動シート2-1「きもちつたわった」の2と3に記入するよう指示します。

> 顔と体の動きで気持ちを伝える学習はどうでしたか。当てはまるものに色を塗りましょう。
> 色が塗れたら、分かったことも書きましょう。（数名の児童に発表させる）驚きましたね。言葉を使わなくても、気持ちは伝えることができるのですね。
> 私たちは普段言葉を使って、気持ちを伝えていますが、言葉だけでなく、顔や体を上手に使うことで、もっとよく気持ちを伝えることができるということが分かったと思います。
> 自分の気持ちがしっかり伝わると、みんなが気持ちよく過ごせるようになりますね。
> 聞く人も、話す人も、表情や体を上手に使って、友だちやおうちの人、先生とのおしゃべりをもっともっと楽しいものにしましょう。

6 家庭や地域と連携した活動

活動シート2-2「ありがとうをつたえよう」を家庭に持ち帰り、おうちの人に感謝の気持ちを伝え、おうちの人からのメッセージをもらいます。

ヒント おうちの人からのメッセージには、気持ちが伝わったかどうかを書いていただくよう、協力を得るとよい。

1年生③

だいすき「わたし」

――自分の良さを見つけて、自分らしさに気付く――

ユニット 1 セルフエスティーム形成スキル育成

1 指導のねらい

・自分の良さに気付き、表現することができる
・自分の良さや友だちの良さを認め合うことができる

1年生は、一人称の時期と言われ、自分が中心で周囲に気配りをすることが難しいという特性があります。この時期の子どもたちは、自己の確立が未熟であることから、自己認識そのものが身近な周囲の人々の影響を強く受けていると考えられます。

こうした時期に、自分らしさに気付く活動を多く体験することは、自分の長所を知ることに繋がり、大変重要なことです。このことは、自分理解だけでなく、友だちの長所を認めることにも繋がります。

本時では、自分の良さに気付き、自分を大切にする気持ちや態度を育てるため、この題材を設定しました。

2 準備するもの

・活動シート3-1：「『わたし』しょうかいゲーム」
・活動シート3-2：「『わたし』しょうかいカード」
・はさみ
・のり

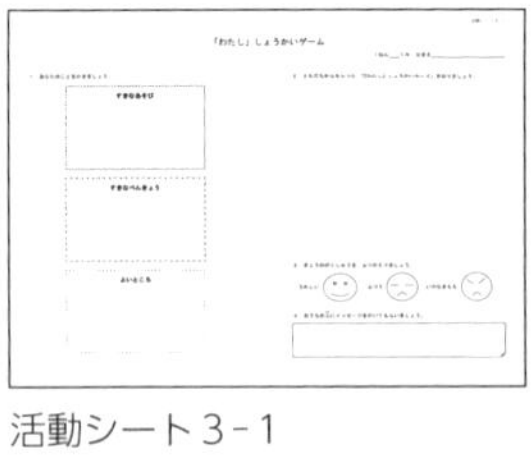
活動シート3-1

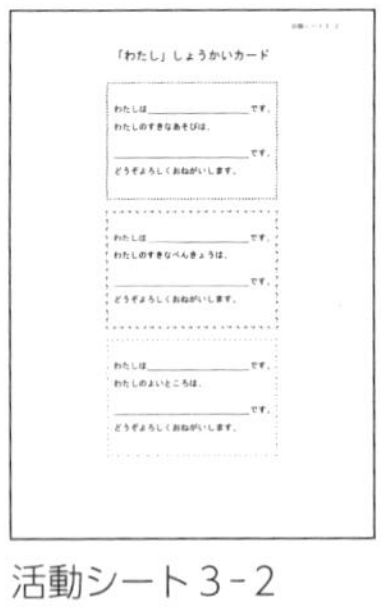
活動シート3-2

3 教育課程との関わり

特別活動　学級活動　生活科　特別の教科道徳（B. 主として人との関わりに関すること-(8)）

$\boxed{4}$ 指導過程（概略）

	活動のステップ	活動のポイント	準 備 物
導入	**Step 1** 友だちやおうちの人から褒められたことを発表する **Step 2** 本時のねらいを確認する	①友だちやおうちの人から褒められた内容を自由に出し合う ②教師は、出された意見を分類しながら板書する ③教師は、本時はゲームをして自分や友だちの良いところを見つけることを伝える	
展開	**Step 3** 活動シート3-1「『わたし』しょうかいゲーム」1に、自分の良いところを記入する **Step 4** 「わたし」紹介ゲームを行う **Step 5** 交換した友だちのカードを紹介し合う	①活動シート3-1「『わたし』しょうかいゲーム」1に、自分の良いところを記入する ②活動シート3-2「『わたし』しょうかいカード」に書き写す ③教師は、3枚すべてのカードに記入できるようアドバイスをする ④教師は、あらかじめ4人グループを作っておく ⑤教師は、ゲームの仕方について説明する ⑥カードに書かれた内容を3人の友だちに紹介し、交換する ⑦活動シート3-1「『わたし』しょうかいゲーム」2に、交換したカードを貼り付ける ⑧教師は、数名の児童に受け取ったカードの内容を紹介させ、事柄を板書する	活動シート3-1「『わたし』しょうかいゲーム」 活動シート3-2「『わたし』しょうかいカード」 はさみ のり
まとめ	**Step 6** 本時の学習内容を振り返る	①教師は、それぞれに良さや違いがあることを確認する ②教師は、活動シート3-1「『わたし』しょうかいゲーム」を家庭に持ち帰り、ゲームをして気付いたことを紹介するよう伝える	

友だちやおうちの人から褒められたことを発表する

▶褒められたことを発表します。

▶教師は、意見を分類しながら板書します。

 皆さんは、これまでに友だちやおうちの人から「○○を頑張っているね」「○○できたね」と褒められたことがありますか。勉強のこと、おうちでのお手伝い、運動などどんなことでも構いません。たくさん発表してください。

▶教師は、人それぞれ性格や行動など良いところがたくさんあることを確認します。

 本時のねらいを確認する

▶教師は、自分の良いところを「『わたし』しょうかいカード」に書き、グループの友だちと交換し合うゲームをすることを確認します。

皆さんには、たくさん良いところがありますね。
今日は、もっともっと皆さんの良いところを伝え合いましょう。そして、自分の良いところを発見しましょう。

 活動シート3-1「『わたし』しょうかいゲーム」1に、自分の良いところを記入する

▶活動シート3-1「『わたし』しょうかいゲーム」の1に自分の良いところを記入します。

▶活動シート3-2「『わたし』しょうかいカード」に書き写します。

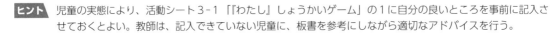 児童の実態により、活動シート3-1「『わたし』しょうかいゲーム」の1に自分の良いところを事前に記入させておくとよい。教師は、記入できていない児童に、板書を参考にしながら適切なアドバイスを行う。

 ではこれから、活動シート3-1「『わたし』しょうかいゲーム」の1に自分のことを書いていきます。（それぞれの項目を読み上げる）
では、書きましょう。どうしても書けないことがあったら、空けておいてもよいです。

（机間指導をしながら３つ書くようにアドバイスする）

（全員が記入し終えたことを確認して）次に、今書いたことを、３枚の活動シート３-２「『わたし』しょうかいカード」に書き写します。１行目の「わたしは○○」のところに、自分の名前を書きましょう。３枚とも書きましょう。

次に、活動シート３-１「『わたし』しょうかいゲーム」に書いた私の好きな遊び、好きな勉強、良いところを活動シート３-２「『わたし』しょうかいカード」に書き写しましょう。友だちに渡すカードですから、丁寧に書きましょう。書き終わったらカードを切ってください。では、始めてください。

 ヒント 教師は、事前に活動シート３-２「『わたし』しょうかいカード」をカード状に切り取っておいて渡してもよい。

Step 4 「わたし」紹介ゲームを行う

▶教師は、あらかじめ４人グループを作っておきます。

ヒント クラスの人数にもよるが、グループの人数を４名とすることが望ましい。

▶教師は、ゲームの仕方について説明します。

さぁ、３枚の「『わたし』しょうかいカード」が出来上がりましたね。そのカードを使って、「『わたし』しょうかいゲーム」をしましょう。

ゲームの方法について説明します。
  ①まず、ペアになりあいさつをします。次に、カードの内容を読み上げ、「よろしくお願いします」と言って、友だちとカードを交換します。
  ②交代してカードを交換します。
  ③３枚のカードすべてを交換し終えたら、ゲームは終わりです。
早く終わったグループは、椅子に座って待っていましょう。初めに交換し合うペアを決めてください。では、始めましょう。

Step 5 交換した友だちのカードを紹介し合う

▶教師は、全員がカードを交換し終えたことを確認します。

▶活動シート３-１「『わたし』しょうかいゲーム」の２に、３枚のカードを貼り付けます。

カードの交換が終わりました。それぞれグループの友だち３人のカードを受け取りました。次に、受け取ったカードを、活動シート３-１「『わたし』しょうかいゲーム」の２にのりで貼り付けましょう。

▶教師は、活動シート3-1「『わたし』しょうかいゲーム」の2に、全児童がカードを貼り付けたことを確認します。

▶教師は、数名の児童に受け取ったカードの内容を紹介させ、事柄を板書します。

> それでは、何人かに、友だちからもらったカードを紹介してもらいます。(数名の児童に発表させ、事柄を整理して板書する)

ヒント 出来上がった活動シートは、学習後掲示物として活用するとよい。

③ まとめ

Step 6 本時の学習内容を振り返る

▶教師は、活動シート3-1「『わたし』しょうかいゲーム」の3に今日の学習を振り返り、当てはまる顔のマークに色を塗らせます。

▶教師は、自分や友だちそれぞれに良いところ、得意なことや頑張っていることがあることを確認します。

ヒント 教師は、自分では今までは気付いていない良いところ、得意なことや頑張っていることがあることに気付けるよう、児童の発表をまとめるとよい。

> 今日は、自分の良いところ、好きなこと、頑張っていることを紹介するゲームをしました。それでは活動シート3-1「『わたし』しょうかいゲーム」の3の顔のマークに「わたし紹介ゲーム」をしてどんな気持ちになったのか、色を塗りましょう。(挙手をさせて確認する)
> このゲームを通して、自分のことはもちろんですが、友だちの良いところ、好きなこと、頑張っていることもたくさん分かりましたね。また友だちと同じところ、違うところにも気付けましたね。良いところがいっぱいの自分に、そして頑張っている友だちに拍手を送って今日の学習を終わりにしましょう。(みんなで拍手を送り合う)

6 家庭や地域と連携した活動

活動シート3-1「『わたし』しょうかいゲーム」を家庭に持ち帰り、家族に紹介します。

ヒント 家族からのメッセージ欄に、わが子への応援メッセージを記入してもらうよう依頼するとよい。

うれしいことかな、いやなことかな
——同じ出来事でも、人それぞれ感じ方が違うことに気付く——

ユニット 1 ストレス対処スキル育成

1 指導のねらい

・不安や悩みの原因になりやすい事柄に気付くことができる
・不安や悩みの原因になる事柄には個人差があることに気付くことができる

> 生涯を通じて、大人も子どもも様々な不安や悩みを経験しています。とりわけ、この時期の子どもたちは、発達段階上、自分の少ない経験に基づいて、快・不快の感覚で行動する傾向にあります。
> このような時期に、同じ事柄であっても、人それぞれ感じ方が違うことを知ることは、お互いを思いやる心の育成に繋がります。また、自分の不安や悩みの原因になりやすい事柄に気付くことは、それらに適切に対処する力、すなわちストレス対処スキル形成の基礎となります。
> 本時では、自分たちの生活において不安や悩みの原因になりやすい事柄に気付くとともに、人によって不安や悩みに対する感じ方には違いがあることを理解するために、この題材を設定しました。

2 準備するもの

☺ 活動シート4-1:「うれしいことかな、いやなことかな」
・活動シート4-1:「うれしいことかな、いやなことかな」
　の1をA3サイズに拡大コピー（グループの数）
☺ 活動シート4-2:「うれしいことかな、いやなことかな」
・直径5mm程度の色シール（グループの人数分の色×6枚）

活動シート4-1　　　活動シート4-2

3 教育課程との関わり

特別活動　学級活動　生活科

4 指導過程（概略）

	活動のステップ	活動のポイント	準 備 物
導入	**Step 1** 「うれしい」時や「かなしい」時の気持ちをどう表現するかを確認する **Step 2** 本時のねらいを確認する	①教師は、「うれしい」時や「かなしい」時の気持ちを、それぞれ言葉や動作で表現するように伝える ②教師は、本時はいろいろな出来事で、どんな思いや気持ちになるかについて学習することを確認する	
展開	**Step 3** 活動シート4-1「うれしいことかな、いやなことかな」1の各項目に、自分の気持ちを表す **Step 4** グループで、同じところや違うところを確認し、話し合う **Step 5** 同じところや違うところなど、気付いたことを発表する	①活動シート4-1「うれしいことかな、いやなことかな」1に示された項目について、自分の気持ちを最もよく表すものを選び○印を付ける ②教師は、グループの人数に合わせて、色が違うシールを用意しておく ③拡大した活動シートの項目ごとに、なぜそれを選んだのか理由を付け加えて、シールを貼りながら紹介し合う ④友だちと同じところや違うところを見つける ⑤教師は、一番意見が分かれた項目や意見が同じだった項目について、それぞれの意見を発表させる ⑥同じ事柄でも、それぞれ感じ方が違っていることを確認する	活動シート4-1「うれしいことかな、いやなことかな」 直径5mm程度の色シール（グループの人数分の色×6枚） 活動シート4-1「うれしいことかな、いやなことかな」の1をA3サイズに拡大コピー（グループの数）
まとめ	**Step 6** 本時の学習内容を振り返る	①活動シート4-1「うれしいことかな、いやなことかな」2、3を記入する ②本時の感想を自由に発表する ③教師は、人によって感じ方は違い、それを認め合うことが大切であることを伝える ④教師は、活動シート4-2「うれしいことかな、いやなことかな」を家庭に持ち帰り、おうちの人と話し合うよう指示する	活動シート4-2「うれしいことかな、いやなことかな」

5 指導の実際

① 導　入

Step 1　「うれしい」時や「かなしい」時の気持ちをどう表現するかを確認する

▶教師は、「うれしい」時や「かなしい」時の気持ちについて、それぞれ言葉や動作で表現するように伝えます。

> 皆さんは、おうちでも学校でも、毎日いろんな出来事がありますね。「うれしい」ことがあった時、どうしますか。言葉と行動で表してください。（児童の実態に合わせ、児童がうれしくなる事例を挙げて一斉に表現させる）反対に「かなしい」ことがあった時、どうしますか。さぁ、やってみましょう。
> 「うれしい」時は「やったー」と言ったり、笑顔になったりしていました。反対に「かなしい」時にはしょんぼりしたり、暗い顔になっていました。いろいろな言葉や行動で表してくれました。

Step 2　本時のねらいを確認する

▶教師は、本時はいろいろな出来事で、どんな思いや気持ちになるかについて学習することを確認します。

> 毎日うれしいと感じたり、くやしい、腹が立つと感じたり、いろんな出来事が起こっています。今日は、いろんな出来事が皆さんをどんな気持ちにさせているのかについて、考えてみましょう。

② 展　開

Step 3　活動シート 4 - 1 「うれしいことかな、いやなことかな」 1 の各項目に、自分の気持ちを表す

▶活動シート 4 - 1 「うれしいことかな、いやなことかな」の 1 について、各項目ごとに、「うれしい」「いやな気もち」の 2 つの気持ちのうち、当てはまるものに○印を付けます。
▶教師は、自分の考えで質問に答えるように指示します。

ヒント　教師は、机間指導を行い支援が必要な児童に適切なアドバイスをする。

では、活動シート4-1「うれしいことかな、いやなことかな」の1に答えましょう。それぞれの出来事が「うれしい」か「いやな気もち」かを考えてみましょう。
それでは初めに「ともだちとけんかした」に答えましょう。うれしいと思う人は左のにこちゃんマークに鉛筆で○印、嫌な気持ちの人は右のプンプンマークに鉛筆で○印を付けましょう。(最後の項目まで続ける)

Step 4 グループで、同じところや違うところを確認し、話し合う

▶グループで、活動シート4-1「うれしいことかな、いやなことかな」の1を紹介し合います。

▶教師は、各グループに、活動シート4-1「うれしいことかな、いやなことかな」の1の拡大コピー1枚とシール(1人6枚、個々で違う色のもの)を配ります。

ヒント 教師は机間指導を行い、学級全体で大きく意見が分かれている項目を見つけておく。

では、次にグループで話し合います。4人グループを作りましょう。
(机の移動が終わったことを確認して)次に、それぞれのグループに活動シート4-1「うれしいことかな、いやなことかな」の大きいプリントを1枚と、一人一人違う色のシールを6枚ずつ配ります。
(配付し終わって)大きいプリントを4人の机の真ん中に置きます。それぞれの出来事が「うれしいこと」か「いやなこと」かをグループで話し合いましょう。先生が上から順番に出来事を読みます。一人一人、なぜそれを選んだかを言ってシールを貼りましょう。では、順番を決めましょう。
(順番を決めたことを確認して)では、初めの「ともだちとけんかした」を話し合いましょう。(様子を見て)次に、「みんなのまえではっぴょうする」を話し合いましょう。(最後の項目まで繰り返す)

Step 5 同じところや違うところなど、気付いたことを発表する

▶教師は、一番意見が分かれた項目や意見が同じだった項目について、それぞれの意見を発表させます。

▶同じ事柄でも、それぞれ感じ方が違っていることを確認します。

グループですべての質問に、自分の気持ちを紹介することができましたね。友だちと同じところと違うところがありましたね。
では、全員に聞いてみます。「テストをする」が「うれしいこと」と思う人、手を挙げてください。(手を挙げさせる)「いやなこと」と思う人、手を挙げてください。(手を挙げさせる)「うれしいこと」と思う人に理由を言ってもらいます。(数名の児童に説明させ

る）次に、「いやなこと」と思う人に理由を言ってもらいます。（数名の児童に説明させる）
（他にも違いが多かった項目を2つ程度取り上げる）
同じ出来事でも、「うれしかったり」「いやな気もちになったり」と、人それぞれ感じ方が
違っていましたね。

③ まとめ

 本時の学習内容を振り返る

▶活動シート4-1「うれしいことかな、いやなことかな」の2、3に、今日の学習を振り返って
分かったことや気付いたことを書くように指示します。

活動シート4-1「うれしいことかな、いやなことかな」の2、3に、今日の学習を振り
返って分かったことや気付いたことを書きましょう。（児童が記入し終えたことを確認し、
数名の児童を指名して発表させる）
毎日いろんな出来事があります。「うれしい」ことばかりではなく「かなしい」ことや
「腹の立つ」こともあります。今日は学習をして、自分が思っていることと同じことを友
だちが思っていると思いがちですが、そうではないことが分かりましたね。「私は今○○
と思っているのだけれど、あなたはどう思っている」と、まずは自分の気持ちを伝え、そ
れから友だちの気持ちを尋ねたり、話し合ったりして認め合うことが大切ですね。人それ
ぞれ感じ方が違うので、自分たちの気持ちを伝え合い、認め合える学級にしていきましょ
う。

6 家庭や地域と連携した活動

　活動シート4-2「うれしいことかな、いやなことかな」を家庭に持ち帰り、それぞれの出来事に
ついてどのような気持ちになるかを家族で話し合います。家族の中でも、感じ方がそれぞれ異なって
いることに気付く機会にします。

どっちをえらぶ
──自分にとって良いと思う行動を選んで決める──

ユニット ▶ 1 意志決定スキル育成

1 指導のねらい

・複数の選択肢の中から理由を考えて1つを選ぶことができる

・自分の行動は、すべて自分が決めて行っていることに気付くことができる

　　人は、意識するかしないかは別として、すべて自分の意志で行動しています。しかし、1年生のこの時期は、自己の確立が未熟で、親など他者への依存性が高く、影響を受けやすいと考えられます。

　　こうした時期に、できるだけ多くの選択肢の中から、結果を予測して自分にとってより良いと思われるものを選び、その結果に責任を持つという意志決定スキルの基礎を培うことは、大変重要です。

　　本時では、複数の選択肢の中から理由を考えて1つを選ぶことを体験し、自分の行動は、自分が決めて行っていることに気付かせるために、この題材を設定しました。

2 準備するもの

◉ 活動シート5-1:「どっちをえらぶ」

◉ 活動シート5-2:「ふりかえりシート」

◉ 活動シート5-3:
　「あなたはどっちをえらぶ」

◉ 絵カード（7種類）

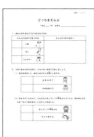

活動シート5-1　　　活動シート5-2　　　活動シート5-3

絵カード

3 教育課程との関わり

特別活動　学級活動　生活科

④ 指導過程（概略）

	活動のステップ	活動のポイント	準 備 物
導入	**Step 1** 朝起きて、家を出るまでにしたことについて発表する **Step 2** 本時のねらいを確認する	①朝起きてから、家を出るまでに行った行動について発表する ②教師は、たくさんのことを自分で決めて行動していることに気付かせる ③教師は、本時はいくつかある中から1つを選び、その理由を考えるゲームをすることを伝える	
展開	**Step 3** 活動シート5‐1「どっちをえらぶ」1を考える **Step 4** 活動シート5‐1「どっちをえらぶ」2を考える **Step 5** 何を選んだかとなぜそれを選んだかについて発表する	①活動シート5‐1「どっちをえらぶ」1について、3つのうち1つを選び、選んだ理由を書く ②教師は、数名の児童を指名し、何を選んだか、選んだ理由について発表させる ③活動シート5‐1「どっちをえらぶ」2について、理由を考えながら選ぶ ④教師は、理由を考えながら選ぶことが大切であることを確認する ⑤項目ごとに選んだ理由を発表する ⑥教師は、同じものを選んでも、人それぞれ理由が違うということを確認する	活動シート5‐1「どっちをえらぶ」 絵カード（7種類）
まとめ	**Step 6** 本時の学習内容を振り返る	①活動シート5‐2「ふりかえりシート」に記入する ②教師は、何かを選ぶ時、その理由を考えることが大切であることを確認する ③教師は、活動シート5‐3「あなたはどっちをえらぶ」を家庭に持ち帰り、家庭でも話し合うよう伝える	活動シート5‐2「ふりかえりシート」 活動シート5‐3「あなたはどっちをえらぶ」

① 導　入

Step 1　朝起きて、家を出るまでにしたことについて発表する

▶教師は、今日の朝、起きてから家を出るまでの間に行った行動について発表させます。

> 今日、皆さんは、朝起きて家を出るまでにどんなことをしましたか。思い出して発表しましょう。

▶教師は、児童の発表を聞いて、板書します。

（例）朝ご飯を食べた。

顔を洗った。歯磨きをした。

服を着替えた。勉強道具を確認した。

おうちの人の手伝いをした。　　　　　　など

> 朝からとってもたくさんすることがありましたね。なぜ皆さんは、服を着替えたのですか。（児童に発表させながら進める）
> 皆さんが言ってくれたように「お母さんに言われたから」、「着替えなければ学校に行けないと思ったから」などいろいろな理由がありました。それらはすべて自分が考えて行動したことです。皆さんは、自分にとってこうした方がよいと決めて行動したのです。

Step 2　本時のねらいを確認する

▶教師は、本時はいくつかある中から１つを選び、その理由を考えるゲームをすることを伝えます。

> 学校で過ごす時間が長くなった皆さんは、たくさんのことを自分で選んで決めるようになりましたね。今日は、いくつかある中から、自分で理由を考えながら１つを選ぶゲームをします。

② 展　開

Step 3　活動シート５-１「どっちをえらぶ」１を考える

▶教師は、絵カードを黒板に貼って、考えさせます。

▶教師は、理由を考えながら選ぶように指示します。

教師は、机間指導を行い、支援が必要な児童に適切なアドバイスをする。

> それではゲームを始めましょう。活動シート5-1「どっちをえらぶ」の1の質問について、それぞれ自分で考えます。自分だったらどれを選ぶかを考え、選んだものに○を付けましょう。
> 次に、なぜそれを選んだのか、その理由を書きます。できた人は、鉛筆を置いて待っていてください。

▶教師は、全員が記入し終えたことを確認します。

▶教師は、なるべく多くの児童に、何を選んだかとそれを選んだ理由を発表させます。

> では、どの動物を選んだかを教えてもらいます。犬を選んだ人、手を挙げましょう。（数名の児童に理由を発表させ、これを繰り返す）

教師は、理由をまとめて板書しておく。

Step 4 活動シート5-1「どっちをえらぶ」2を考える

▶教師は、絵カードを黒板に貼り、活動シート5-1「どっちをえらぶ」の1を参考に、理由を考えながら活動シート5-1「どっちをえらぶ」の2の質問に答えるように指示します。

児童の日常の様子が分かるような写真があれば、それを掲示すると、身近なこととして考えることができるのでよい。

▶教師は、活動シート5-1「どっちをえらぶ」の2では、理由を考えながらどちらか1つを選ばせます。ただし、その理由は書かなくてよいことを伝えます。

> では、次に活動シート5-1「どっちをえらぶ」の2の質問について考えます。活動シート5-1「どっちをえらぶ」の1と同じように理由を考えながら2つのうち1つを選びます。ここでは、今は理由を書きませんが、後で発表してもらいますので、理由を考えながら選んでください。

この問題は、どちらが正しいというものではありませんので、自由に選んでください。では、始めましょう。

Step 5 何を選んだかとなぜそれを選んだかについて発表する

▶教師は、項目ごとに選んだ理由を発表させます。
▶教師は、同じものを選んでも、人それぞれ理由が違うということを確認します。

> では、これから皆さんが何を選んだかを紹介し合いましょう。
> まず、初めに「はをみがく」を選んだ人、前に出ましょう。それでは、なぜそれを選んだのか、何人かに発表してもらいます。（児童の意見を繰り返したり、整理したりせず、意見が言えたことを褒める）なるほど、そんな気持ちで選んだのですね。発表してくれた○○さんに拍手をしましょう。
> 次に、「かおをあらう」を選んだ人に、選んだ理由を発表してもらいましょう。
> なるほど、いろいろな理由がありますね。発表してくれた皆さんに拍手をしましょう。

ヒント 教師は、前に並ばせる、その場で起立させる、挙手させるなど、できるだけ多くの児童が、選んだ理由を発表できるように、実態に応じて工夫するとよい。

発表の仕方（例）

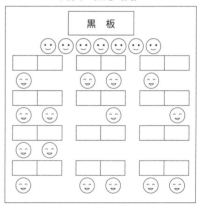

▶教師は、活動シート5-1「どっちをえらぶ」の2（2）の質問についても発表させることを繰り返します。
▶教師は、選ぶ時には、それを選ぶ理由をしっかり考えることが大切であることを確認します。

> 友だちの発表を聞いて、選んだものが人それぞれ違っていたり、同じものを選んでもその理由は人それぞれ違っていることが分かりましたね。
> 選ぶ時に大切なことは、何を選ぶかはもちろんですが、なぜそれを選ぶのかという理由をしっかり考えることですね。理由を考えて選ぶことができた皆さんに拍手を送りましょう。

Step 6 本時の学習内容を振り返る

▶教師は、活動シート5-2「ふりかえりシート」の1の項目には、当てはまるものに○印を、2の項目には、今日の学習で分かったことや感想を書くように指示します。

▶教師は、数名の児童を指名し、分かったことや感想を発表させます。

▶教師は、活動シート5-3「あなたはどっちをえらぶ」を配付し、おうちの人と選んだ理由を紹介し合うように指示します。

では、これから活動シート5-2「ふりかえりシート」を配ります。1には、当てはまるものに○を付けましょう。2には、今日学んで分かったことを書いてください。

（児童ができたことを確認して）今日はいくつかの中から、理由を考えながら1つ選ぶというゲームをしました。皆さんは、学校の生活でいろんなことを選んで行動しています。例えば、外に遊びに行くか行かないか、落ちているごみを拾うか拾わないか、読書をするかしないかなど多くのことを選んで決めています。

これから皆さんが大きくなるにつれ、どれにするか自分で決めなければいけないことが多くなってきます。その時、しっかり考えて決める練習をしていると、自分にとって良いと思われることを上手に選ぶことができるようになります。活動シート5-3「あなたはどっちをえらぶ」をおうちに持ち帰って、おうちの人と一緒にやってみましょう。そして、おうちの人にも感想を書いてもらいましょう。

6 家庭や地域と連携した活動

　活動シート5-3「あなたはどっちをえらぶ」を家庭に持ち帰り、家族で紹介し合うように説明します。

（タイトル部分）

2年生①

2年生になったよ
—— 自分の成長を認め、さらに伸ばすための目標作りをする ——

ユニット **1** 目標設定スキル育成

1 指導のねらい

・できるようになったことがたくさんあることを知る

・できることを増やすために、目標を立てて取り組むことが大切であることに気付くことができる

> この時期は、文字を書くことや計算をすることなどの学習能力や、運動機能が発達したり、友だちとの関係が広がったりするなど、著しい成長が見られる時期です。
>
> こうした時期に、自分ができるようになったことに目を向け、自信を持たせるとともに、さらなる成長を目指して、取り組もうとする気持ちを育てることは大変意義のあることです。
>
> 本時では、学年のスタートに当たり、様々なことができるようになった自分をしっかり認め、さらなる成長を目指して、これからの1年間を意欲的に過ごすための目標を立てることができるようにするために、この題材を設定しました。

2 準備するもの

◎ 活動シート6-1：「こんなことができるよ」
◎ 活動シート6-2：「ふりかえりシート」
・目標宣言の横断幕（準備ができれば）

活動シート6-1 　　　活動シート6-2

3 教育課程との関わり

特別活動　学級活動　生活科　特別の教科道徳（A. 主として自分自身に関すること-（5））

4 指導過程（概略）

	活動のステップ	活動のポイント	準 備 物
導入	**Step 1** 本時のねらいを確認する	①教師は、できるようになったことを発表させ、整理して板書する ②教師は、本時はさらにできることを増やすための目標を考えることを伝える	
展開	**Step 2** 活動シート6-1「こんなことができるよ」1に記入する	①活動シート6-1「こんなことができるよ」1に、それぞれ記入する	活動シート6-1「こんなことができるよ」
展開	**Step 3** 活動シート6-1「こんなことができるよ」をグループ内で紹介する	②グループで、活動シート6-1「こんなことができるよ」をもとに紹介し合う ③発表後は、頑張りを認め、互いに称賛の拍手をする	
展開	**Step 4** もっとできるようになりたいと思うものを1つ決める	④活動シート6-1「こんなことができるよ」2に目標を書く ⑤活動シート6-1「こんなことができるよ」3に目標を達成するために、どんなことをするかを記入する	
展開	**Step 5** 2年生で頑張ることを発表する	⑥一人一人の目標とそのために実行することを発表する ⑦教師は、実行する内容を整理して板書する	目標宣言の横断幕（準備ができれば）
まとめ	**Step 6** 本時の学習内容を振り返る	①活動シート6-2「ふりかえりシート」に記入する ②教師は、2年生の目標を達成するために、決めたことを日々実行することが大切であることと、1か月ごとに確認することを伝える ③教師は、目標達成のために応援したり励ましたりすることが大切であることを確認する	活動シート6-2「ふりかえりシート」

5 指導の実際

① 導　入

Step 1 本時のねらいを確認する

▶教師は、入学時と比較して現在「できるようになった」ことを発表させます。
▶教師は、本時は小学校入学から1年間で多くのことが「できるようになった」ことを確認し、2年生でさらに「できる」を増やすための目標作りをすることを伝えます。

> 皆さんは、2年生に進級しました。入学してから今まで、どんなことができるようになりましたか。発表しましょう。

ヒント 教師は、発表内容を、「生活面」「学習面」「運動面」「その他」に分類整理して板書する。

> 皆さんは、入学してからの1年間、たくさんのことを頑張ってきたので、いろんなことができるようになりました。すばらしいですね。2年生になったので、自分が「できるようになった」と思うことを、さらに増やしていきたいですね。
> 皆さんが進級したことを記念して、さらにできることを増やす目標作りをしましょう。今日は、「勉強」と「運動」の目標を考えましょう。

② 展　開

Step 2 活動シート6-1「こんなことができるよ」1に記入する

▶教師は、活動シート6-1「こんなことができるよ」を配付します。
▶活動シート6-1「こんなことができるよ」の1に、できるようになったことを、「勉強」「運動」に分けて記入します。
▶教師は、板書を参考にしたり、1年生の時の出来事を振り返らせたりして、アドバイスをします。

> 活動シート6-1「こんなことができるよ」の1に、「勉強」と「運動」で、できるようになったことを書きましょう。2つずつ見つけて書きましょう。
> 友だちと比べる必要はありません。自分で考えて書いてください。例えば、「算数の足し算ができるようになった」「サッカーが上手になった」などです。皆さんが先ほど発表してくれたことも参考にして考えてもよいでしょう。では、書きましょう。

Step 3　活動シート6-1「こんなことができるよ」をグループ内で紹介する

▶教師は、あらかじめ4人グループを作っておきます。

▶教師は、記入した活動シートをもとに、グループ内で紹介し合うように指示します。

> ではこれから、グループ内で、活動シート6-1「こんなことができるよ」に書いたことを紹介し合います。こんなことができるようになったよと発表してくれた友だちの頑張りに、グループの人は拍手をしましょう。
> 全員の発表が終わるまで、繰り返しましょう。

▶教師は、グループの全員が発表し終わったことを確認します。

 教師は、発表ごとに称賛の拍手をさせる。

Step 4　もっとできるようになりたいと思うものを1つ決める

▶教師は、書いたものの中から、もっと上手になりたい、もっと頑張りたいと思うものを1つ選び、活動シート6-1「こんなことができるよ」の2に記入させます。

> では、次に2年生でもっと上手にできるようになりたいと思うものを1つ選びましょう。選ぶことができたら、活動シート6-1「こんなことができるよ」の2に書きましょう。「もっと○○が上手になる」「もっと○○を頑張る」という、2年生の目標になるように書くとよいですね。

▶教師は、机間指導で適切な支援を行い、全員が書けたことを確認します。

> 目標が書けましたね。次に、その目標を達成するための方法を考えます。上手になるために、また頑張るために、どんなことをするか、目標を達成するための方法について考え、活動シート6-1「こんなことができるよ」の3に書きましょう。

Step 5　2年生で頑張ることを発表する

▶教師は、活動シート6-1「こんなことができるよ」の2を全員に発表させます。

ヒント　教師は、2年生の目標の「宣言」として、模造紙で横断幕を作るなどの演出を考えるとよい。

では、これから皆さんが2年生で何を頑張るか、目標の発表会をします。活動シート6-1「こんなことができるよ」の2を発表してください。その時、「私は、○○を頑張ります」と、はっきりと元気よく伝えてください。そのためにどんなことをするかが書かれている人は、続けて発表するようにします。聞いている人は、「応援するよ」という気持ちを込めて拍手をしましょう。

▶教師は、全員が発表できるようにします。

ヒント はじめに教師が、発表の仕方のモデルを示すとよい。

【横断幕の例】（黒板利用）

わたしが2年生でがんばる
もくひょうせんげん大会

③ まとめ

 Step 6 本時の学習内容を振り返る

▶活動シート6-2「ふりかえりシート」の1の項目には、当てはまるものに○印を、2の項目には、今日の学習で分かったことや感想を書くように指示します。

▶教師は、学習後に活動シート6-1「こんなことができるよ」を掲示し、1か月ごとに、目標が守られているかをグループで確認することを伝えます。

▶教師は、互いの目標達成のため、応援をしたり、励ましたりすることが大切であることを伝えます。

では、これから活動シート6−2「ふりかえりシート」を配ります。1には、当てはまる
ものに○を付けましょう。2には、目標宣言大会をして思ったことや気づいたことを書い
てください。
（児童ができたことを確認して）2年生で頑張っていく目標が決まり、互いの目標を発表
し合いました。頑張ると決めていても、忘れてしまったり、いい加減になってしまったり
することがあります。そんな時こそ、周りの友だちの応援や励ましが大切です。教室内に、
活動シート6−1「こんなことができるよ」を貼っておきますので、互いに声を掛け合え
るとよいですね。目標を守っていけるように、グループで協力し合いましょう。1か月ご
とに振り返り、グループ内で確認し合います。

6 家庭や地域と連携した活動

　目標を達成できるよう、おうちの人に応援してもらうように伝えます。また、参観日や学級懇談会
等を活用して、家庭における目標達成のためのアドバイスや支援について話し合います。そのことに
よって、家庭での協力が期待できます。

あったかことばの力
──友だちの心を温かくする言葉を使うことができる──

ユニット 1 コミュニケーションスキル育成

1 指導のねらい

・言葉には、使い方によって、気持ちを温かくしたり、傷つけたりすることがあることを知る

・心を温かくする言葉を使うことで、友だちとの関係が良くなることに気付くことができる

　　言葉には、使い方によっては人の心を温かくしたり、傷つけたりするという側面があります。
　　小学校低学年の児童は、獲得する語彙数が増える時期ですが、言葉の意味を十分理解しないまま使用する場面も見られます。また、精神面での発達が未熟であるため、他人の意見を受け入れられなかったり、周囲への配慮や思いやりに欠ける言動を取ったりして、トラブルに発展する場合もあります。
　　本時では、友だちとの関係において、言葉によるトラブルを回避するために、言葉には大きな力があることを理解するとともに、積極的に人の心を温かくする言葉を使おうとする児童を育成するために、この題材を設定しました。

2 準備するもの

◉ 活動シート7-1：「あったかことばの力」

◉ 活動シート7-2：「ふりかえりシート」

・大き目の短冊（A4サイズの半分×各グループ2枚ずつ）

活動シート7-1　　活動シート7-2

3 教育課程との関わり

特別活動　学級活動　生活科　特別の教科道徳（B. 主として人との関わりに関すること-(8)）

4 指導過程（概略）

	活動のステップ	活動のポイント	準 備 物
導入	**Step 1** 「あったかことば」と「トゲトゲことば」の違いに気付く **Step 2** 本時のねらいを確認する	①教師による「あったかことば」と「トゲトゲことば」の演技を見る ②教師は、児童の気付きを「あったかことば」と「トゲトゲことば」に関することに分類して板書する ③教師は、本時は「あったかことば」と「トゲトゲことば」がどんな力を持っているかを考えることを伝える	
展開	**Step 3** 活動シート7-1「あったかことばの力」1を考える **Step 4** 活動シート7-1「あったかことばの力」2を考える **Step 5** 短冊に書いた「あったかことば」を発表する	①活動シート7-1「あったかことばの力」1に、「あったかことば」と「トゲトゲことば」を言われた時の気持ちを書く ②教師は、児童の意見を整理し板書する ③教師は、「あったかことば」には、「褒める」「励ます」「認める」「感謝する」などがあり、心を温かくする力があることを確認する ④教師は、活動シート7-1「あったかことばの力」2（1）を全員で考えさせる ⑤活動シート7-1「あったかことばの力」2（2）、（3）について個人で考え、その後グループで話し合い、一番良いと思うものを短冊に書く ⑥教師は、グループごとに発表させ、短冊を黒板に分類整理する	活動シート7-1「あったかことばの力」 大き目の短冊（A4サイズの半分×各グループ2枚ずつ）
まとめ	**Step 6** 本時の学習内容を振り返る	①活動シート7-2「ふりかえりシート」に記入する ②教師は、「あったかことば」は人を温かくする力があり、積極的に使うことを確認する	活動シート7-2「ふりかえりシート」

5 指導の実際

① 導　入

Step 1 「あったかことば」と「トゲトゲことば」の違いに気付く

▶ 教師は、児童が日常よく使っている「あったかことば」と「トゲトゲことば」を事前に観察し、演技します。

▶ 教師は、普段使っている「あったかことば」と「トゲトゲことば」に気付かせ、児童数名を指名して発表させます。

> これから先生が、皆さんの普段の会話をやってみます。AちゃんとBちゃんの2つをやってみますので、よく聞いていてください。そして「あったかことば」と「トゲトゲことば」を見つけてください。
>
> ---
> 【演技例】
> Aちゃんは外遊びから教室に入る前に、手洗いうがいをしようと水道のところに行きました。たくさんの友だちが順番を待っていました。
> そこでAちゃんは「おい、どけ」「はやくしろ」「遅いぞ」「のろま」「遅れるじゃないか」と叫びました。
> Bちゃんは「Aちゃん、一緒に並ぼうよ」「きれいに手洗いとうがいをしようね」「遅れないようにしようね」と言いました。
> 2人も手洗いうがいをすませ教室に入りました。
>
> ---
> さあ、どうでしたか。どんな言葉が「あったかことば」で、どんな言葉が「トゲトゲことば」でしたか。

ヒント　教師は、「あったかことば」と「トゲトゲことば」に分類して板書する。

Step 2 本時のねらいを確認する

▶ 教師は、本時は「あったかことば」と「トゲトゲことば」がどんな力を持っているかを考えることを伝えます。

> たくさん「あったかことば」と「トゲトゲことば」が見つかりましたね。
> 今日は、「あったかことば」と「トゲトゲことば」がどんな力を持っているかを一緒に考えていきましょう。

Step 3 活動シート7-1「あったかことばの力」1を考える

▶教師は、「あったかことば」と「トゲトゲことば」を聞いた時どんな気持ちになるかを、活動
　シート7-1「あったかことばの力」の1に書かせます。

▶教師は、児童数名を指名して発表させ、「あったかことば」を言われた時の気持ちと、「トゲトゲ
　ことば」を言われた時の気持ちに分けて板書します。

> ではこれから、活動シート7-1「あったかことばの力」の1に、「あったかことば」と
> 「トゲトゲことば」を言われた時の気持ちを書いてください。
> （児童が記入し終えたことを確認して）では、何人かに発表してもらいます。

ヒント 教師は、できるだけ多くの意見が出るように、机間指導をしながら児童の意見を確認しておくとよい。

▶教師は、「あったかことば」には、「褒める」「励ます」「認める」「感謝する」などがあり、心を
　温かくする力があることを確認します。

> 「あったかことば」を聞くと、「褒められ」「励まされ」てうれしくなったり、「認めら
> れ」て優しくなったり、ありがとうと「感謝する」気持ちになったりしますね。「元気が
> 出たり」「勇気をもらったり」もしますね。このように「あったかことば」には、心を温
> かくする力があるのですね。反対に「トゲトゲことば」は嫌な気持ちにさせる言葉ですね。
> これから皆さんの気持ちを温かくする「あったかことば」を使う練習をしてみましょう。

Step 4 活動シート7-1「あったかことばの力」2を考える

▶教師は、活動シート7-1「あったかことばの力」の2（1）の練習問題を、クラス全員で考え
　させます。

▶教師は、「頑張れ」とか「ファイト」などの短い言葉ではなく、話し言葉で気持ちが伝わるよう
　に書くことを説明します。

▶教師は、「あったかことば」とその言葉を考えた理由を発表させ、板書します。

ヒント 教師は、意見が十分に出ない時は、ペアで話し合うように促すとよい。

では、活動シート7-1「あったかことばの力」の2（1）の問題を見てください。
ここに書かれている場面で、あなたはどんな「あったかことば」を友だちに言いますか。
元気が出るような「あったかことば」を、四角の中に書いてみましょう。皆さんの気持ちが伝わるように、言葉にしてみましょう。
（全員が記入し終えたことを確認して）どのような「あったかことば」を考えましたか、発表してください。どうしてその言葉にしたか、理由も言ってもらいます。（できるだけ多くの児童に発表させる）
授業中に困っている友だちを励ましたり、助けたりする「あったかことば」をたくさん見つけることができましたね。

▶教師は、活動シート7-1「あったかことばの力」の2（2）、（3）を各自で考えさせます。

▶教師は、考えた「あったかことば」をグループで交流し、それぞれ一番良いと思うものを短冊に書くよう指示します。

活動シート7-1「あったかことばの力」の2（2）、（3）の問題を、自分で考えて書きましょう。
（記入し終えたことを確認して）それでは、どんな「あったかことば」を考えたかと考えた理由も一緒にグループで話し合いましょう。活動シート7-1「あったかことばの力」の2（2）、（3）のそれぞれみんなが一番良いと思ったものを、短冊に1つずつ書いてください。
では、話し合いを始めてください。

ヒント 教師は、あらかじめ4人程度のグループを作っておく。

Step 5 短冊に書いた「あったかことば」を発表する

▶教師は、グループごとに発表させ、短冊を黒板に分類整理します。

ヒント 教師は、事前に問題を書いたものを用意しておき、その下に短冊を貼るようにするとよい。
児童が発表した理由を短冊の下に吹き出し等で書き加えるとよい。

▶教師は、活動シート7-1「あったかことばの力」の2（2）の発表が終わった後、同様に2（3）を発表させます。

ヒント グループの数が多い場合、教師は活動シート7-1「あったかことばの力」の2（2）、（3）について、それぞれ半数のグループに発表させるとよい。

では、これからグループで話し合ったおすすめの「あったかことば」を紹介し合います。
おすすめの「あったかことば」と、その「あったかことば」を考えた理由を発表しましょう。まず（2）について、発表してください。（（3）についても同様に行う）

Step 6 本時の学習内容を振り返る

▶教師は、活動シート7-2「ふりかえりシート」を配付し、記入させます。

▶教師は、数名の児童に、学習で気付いたことを発表させます。

▶教師は、「あったかことば」は人を温かくする力があり、積極的に使うことを確認します。

> 今日の学習を、活動シート7-2「ふりかえりシート」に記入して振り返ってみましょう。
> (机間指導をして、適切なアドバイスをする)
> 今日の学習では、「あったかことば」は、相手だけでなく周りの人まで気持ちよくしたり、
> 元気にしたりすることが分かりました。
> これから、今日の学習を生かして「あったかことば」がしっかり使えるようになるとよい
> ですね。

6 家庭や地域と連携した活動

　参観日や学級懇談会、学級通信等を活用して、学習内容を保護者に知らせ、家庭内においても
「あったかことば」を積極的に使うように理解を促します。

みんなのすてきを見つけよう
──友だちの良いところを見つけて伝え合う──

ユニット 1 セルフエスティーム形成スキル育成

1 指導のねらい

・友だちの良いところを、言動から見つけて伝えることができる

・自分の良さに気付くことができる

　2年生は、学校生活にも慣れ、友だちとの関わりが増えてくる時期です。しかし、自己中心的な思考傾向が強く、友だちの良さに気付いたり、自分とは違う友だちの考えを認めたりすることができずに、トラブルに発展する場合も見受けられます。

　このような時期に、友だちの言動を意識し、見つけた良さやすばらしさを伝え合うことが、お互いの良さを知る良い機会となります。

　本時では、見つけた友だちの良さをメッセージカードで伝える活動を通して、友だちの良さや自分の良さに気付くことができるようにするために、この題材を設定しました。

2 準備するもの

☺ 活動シート8-1：「みんなのすてきを見つけよう」

☺ 活動シート8-2：「メッセージカード」（事前に切っておく）

☺ 活動シート8-3：「ふりかえりシート」

・のり

活動シート8-1

活動シート8-2

活動シート8-3

3 教育課程との関わり

特別活動　学級活動　生活科　特別の教科道徳

（B. 主として人との関わりに関すること-(9)）

4 指導過程（概略）

	活動のステップ	活動のポイント	準 備 物
導入	**Step 1** 褒められてうれしかったことについて発表する	①友だちや家族から褒められてうれしかったことを発表する ②教師は、数名の児童に発表させ、板書する	
	Step 2 本時のねらいを確認する	③教師は、本時は友だちの良いところをメッセージカードに書き、贈り合う学習をすることを説明する	
展開	**Step 3** 友だちの良いところをメッセージカードに書く	①教師は、あらかじめ5～6人のグループを作っておく ②友だちの良いところを「○○がすごいね」「○○がよくできるね」「○○してくれてありがとう」など、短い言葉でメッセージカードに記入する	活動シート8-2「メッセージカード」
	Step 4 メッセージカードを贈り合う	③互いにメッセージカードを贈り合う	
	Step 5 贈られたメッセージカードを台紙に貼り付ける	④贈られたすべてのメッセージカードを活動シート8-1「みんなのすてきを見つけよう」に貼る	活動シート8-1「みんなのすてきを見つけよう」 のり
	Step 6 メッセージカードを読み、気付いたことを発表する	⑤友だちから贈られたメッセージカードを読み、活動シート8-1「みんなのすてきを見つけよう」にありがとうメッセージを書く ⑥教師は、全員が書いたことを確認して、数名の児童を指名し、発表させる	
まとめ	**Step 7** 本時の学習内容を振り返る	①活動シート8-3「ふりかえりシート」に記入する ②メッセージを贈り合って感じたことや思ったことを発表する	活動シート8-3「ふりかえりシート」

5 指導の実際

① 導　入

Step 1　褒められてうれしかったことについて発表する

▶教師は、数名の児童を指名し、友だちや家族から褒められてうれしかったことについて発表させます。

皆さんは、学校やおうちで褒められたことがありますか。いつ、だれに、どんなことを褒められて、どんな気持ちになったかを発表しましょう。

▶教師は、児童の発表を板書します。

友だちや家族を思ってしたことや、何か頑張っていることについて、たくさん褒めてもらっていることが分かりました。また、褒められるとうれしい気持ちになることも分かりました。「そういえばこんなこともあったな」と他にも思い出している人も多いと思います。たくさんありますよね。

Step 2　本時のねらいを確認する

▶教師は、本時は友だちが相手を思ってしたことや頑張っていることについて、伝え合う学習をすることを伝えます。

今日は、友だちの思いやりのある行動や頑張っていることで、いつもすごいなと思っていることを、メッセージカードに書いて友だちに贈り合うゲームをします。
グループの皆さんに、メッセージカードを贈りましょう。

② 展　開

Step 3　友だちの良いところをメッセージカードに書く

▶教師は、あらかじめ5～6人のグループを作っておきます。

 メッセージを贈り合う活動であるため、贈り合う相手が多い方が望ましい。例えば、日常使われるグループが4人の場合、2グループ合同のメンバーとするとよい。
クラス全員に贈る場合、教師は、事前にメッセージカードを書かせるところまでは済ませておき、メッセージカードの内容や記入漏れについて確認しておくとよい。

▶教師は、メッセージカードをあらかじめ切り離しておいたものを児童に配付し（1人分はグループの人数から1枚引いた数）、友だち一人一人の良いところを書くように伝えます。

▶教師は、必ず自分の名前も書くように指示します。

> ではこれから、メッセージカードに友だちの良いところを見つけて書きます。
> 今日は、グループ内でメッセージを贈り合います。次の3つのことを忘れないように書きます。
> 1　贈る相手の名前
> 2　友だちの良いところやすごいところ
> 3　自分の名前
> きれいな字で丁寧に書くことも大切なマナーです。では、始めましょう。

　教師は、机間指導を行い、書いている内容や、記入漏れなど確認し、適切なアドバイスをする。

Step 4　メッセージカードを贈り合う

▶出来上がったメッセージカードをグループ内で贈り合います。

ヒント　教師は、全員立たせ、互いにあいさつを交わしながら丁寧に渡すように指示する。

> では、メッセージカードを贈り合います。グループ全員が贈り合えたら席に着いて待っていましょう。では全員立ちましょう。まずはあいさつをしましょう。次に、友だちの良いところを言いながらメッセージカードを渡しましょう。
> 最後に、もらったお礼を言いましょう。

Step 5　贈られたメッセージカードを台紙に貼り付ける

▶教師は、活動シート8-1「みんなのすてきを見つけよう」を配付し、贈られたメッセージカードを貼り付けるように指示します。

▶メッセージカードをすべて貼り付けた児童は、メッセージカードを読みながら全員がそろうまで待ちます。

ヒント　貼り付けるメッセージカードの枚数によっては、活動シート8-1「みんなのすてきを見つけよう」をA3サイズかB4サイズに拡大して使うとよい。

> 贈られたメッセージカードを、活動シート8-1「みんなのすてきを見つけよう」に貼り付けていきます。1枚ずつ丁寧にのりで貼りましょう。すべて貼った人は、メッセージカードを読んで待っていてください。

メッセージカードを読み、気付いたことを発表する

▶教師は、メッセージカードを読み、ありがとうの気持ちや気付いたことを活動シート8-1「みんなのすてきを見つけよう」のありがとうメッセージの欄に書くように伝えます。

▶教師は、数名の児童に書いた内容を発表させます。

ヒント 教師は、児童の発表内容をまとめて板書しておくとよい。

> きれいにメッセージカードを貼り付け、花束が完成しましたね。では、友だちから贈られたメッセージカードを読んだ時の気持ちや、友だちへのありがとうの気持ちを込めて、活動シートのありがとうメッセージの欄に記入しましょう。
> （全員が記入し終えたことを確認して）では、書いた内容をみんなに発表しましょう。

③ まとめ

 本時の学習内容を振り返る

▶教師は、活動シート8-3「ふりかえりシート」に記入させます。

▶教師は、活動シート8-3「ふりかえりシート」の2の項目について、児童数名を指名して発表させます。

▶教師は、発表内容を整理して学習内容を振り返らせます。

> 今日の学習を振り返って、活動シート8-3「ふりかえりシート」に書きましょう。
> （全員が記入し終えたことを確認して）活動シート8-3「ふりかえりシート」の2に書いたことを発表しましょう。（数名の児童を指名し、発表させる）
> 今日は、友だちの良いところを見つけて、メッセージカードに書いて贈り合う学習をしました。たくさん自分の良いところを見つけてくれていましたね。中には、自分が気付かなかったことを教えてもらった人もいたのではないでしょうか。
> これからもしっかり友だちの良いところを見つけて、そのことを伝え合えるクラスにしていきましょう。

6 家庭や地域と連携した活動

活動シート8-1「みんなのすてきを見つけよう」を教室内に掲示し、参観日や学級懇談会等で紹介します。

どんなきもちかな
──同じ事柄でも、感じ方が違うことに気付き、認め合うことの大切さを知る──

ユニット ▶1 ストレス対処スキル育成

1 指導のねらい

・日常の出来事についてうれしいか不快かを考え、表現する

・感情には、個人差があることに気付くことができる

> 小学校低学年の児童は、周囲への関心や行動が活発になり、人間関係が広がる時期です。また、発達における個人差が著しいのもこの時期の特徴です。他人との関わりが増える一方で、自分の気持ちや感情を上手に伝えられずトラブルが発生する時期でもあります。こうした時期に、自分の感情や思いを相手に上手に伝える経験をすることは大切なことです。
>
> 本時では、日常の出来事の中に、うれしいと感じたり、不快と感じたりする事柄があることに気付くとともに、その感情には個人差があることを知ることができるよう、この題材を設定しました。

2 準備するもの

(CD) 活動シート9-1：「エピソードカード」

(CD) 活動シート9-2：「きもちのシーソー」

(CD) 活動シート9-3：「ふりかえりシート」

・掲示用資料：「エピソードカード」

　（活動シート9-1を拡大し短冊状に切ったもの）

・はさみ

・のり

（・音楽の教科書）

活動シート9-1

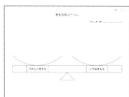
活動シート9-2

活動シート9-3

3 教育課程との関わり

特別活動　学級活動　生活科

4 指導過程（概略）

	活動のステップ	活動のポイント	準備物
導入	**Step 1** どんな気持ちになるかを考える **Step 2** 本時のねらいを確認する	①教師は、みんなの前で1人ずつ歌を歌うことを児童に伝える ②教師は、その時の気持ちを「うれしかった」「いやだな」「どちらでもない」で、児童に挙手させ、確認する ③教師は、本時は日常の出来事についてうれしいか不快かを考えることを伝える	（音楽の教科書）
展開	**Step 3** 活動シート9-2「きもちのシーソー」にエピソードカードを貼る **Step 4** グループ内で活動シート9-2「きもちのシーソー」を紹介し、同じところや違うところを見つける **Step 5** 全体で交流する	①活動シート9-1「エピソードカード」を1枚ずつ切り離す ②エピソードカードを「うれしい気持ち」と「いやな気持ち」に分けて、活動シート9-2「きもちのシーソー」に貼る ③グループ内で理由とともに紹介する ④友だちと同じところや違うところを見つける ⑤教師は、エピソードカードの項目ごとに、「うれしい気持ち」か「いやな気持ち」かを聞き、児童に挙手させ、理由を発表させる ⑥教師は、「うれしい気持ち」「いやな気持ち」「意見が分かれたもの」の3つに分けて板書する	活動シート9-1「エピソードカード」 活動シート9-2「きもちのシーソー」 はさみ のり 掲示用資料「エピソードカード」（拡大し、短冊状に切ったもの）
まとめ	**Step 6** 本時の学習内容を振り返る	①活動シート9-3「ふりかえりシート」に記入する ②教師は、「うれしい」と感じたり、「いやだ」と感じたりすることには個人差があることを確認する	活動シート9-3「ふりかえりシート」

5 指導の実際

Step 1 どんな気持ちになるかを考える

▶教師は、みんなの前で1人ずつ歌を歌うことを児童に伝えます。

ヒント 実際にはテストを行わないが、音楽の教科書を見せるなどしてできるだけ緊迫した雰囲気を作るようにする。

▶教師は、30秒程度間をあけて、児童の様子を見ながら、実際には行わないことを伝えます。

▶教師は、その時の気持ちを「うれしかった」「いやだな」「どちらでもない」で、児童に挙手させ、確認します。

> 今から歌のテストをします。せっかくですから、1人ずつ前に出て、みんなの方を向いて歌ってもらいます。音楽の教科書○○ページの「○○○」です。用意をしてください。
> （30秒程度待って）実際にはテストはしません。歌のテストをすると聞いて、どんな気持ちになりましたか。次の3つのうちで、最も今の自分の気持ちに合っているものに手を挙げてください。
> 　　1　うれしかった
> 　　2　嫌だな
> 　　3　どちらでもない
> （1から順に児童に尋ね、人数を確認しておく）
> 歌のテストは、うれしいと感じる人、嫌だと感じる人、どちらでもないと感じる人、人それぞれですね。実は、急に「歌のテストをします」と言ったのは、人それぞれ気持ちが違うことを感じてほしかったからなのです。

Step 2 本時のねらいを確認する

▶教師は、本時は日常生活で起こる出来事について、人それぞれ感じ方が違うということを学習することを伝えます。

> 毎日の生活の中で「うれしい」「かなしい」「腹が立つ」などの出来事がたくさん起こりますね。
> 今日の学習では、皆さんが同じように感じるかどうかについて考えていきましょう。歌のテストでは、気持ちがそれぞれ違っていましたね。他の出来事はどうでしょうか。

② 展　開

Step 3 活動シート9-2「きもちのシーソー」にエピソードカードを貼る

▶活動シート9-1「エピソードカード」を1枚ずつに切り離します。

▶切り離したエピソードカードは、それぞれ「うれしい気持ち」「いやな気持ち」に分けておきます。

ヒント 教師は、「どちらでもない」と考えた児童に「どちらかというと」と再度考えるように促し、2つの気持ちに分類させる。

▶分類が終わった児童から、活動シート9-2「きもちのシーソー」にエピソードカードを貼り付けます。

> まず、最初にエピソードカードを切り離します。7枚のエピソードカードを1枚ずつに切り離しましょう。
> （全員が切り離したことを確認して）次に、切り離したエピソードカードを、カードに書いてあるような出来事が起こった時、「うれしい気持ち」「いやな気持ち」のどちらになるか考えて、2つに分けます。
> 終わりに、2つに分けた人から、活動シート9-2「きもちのシーソー」に貼り付けましょう。すべてできた人は、全員ができるまで待っていてください。

ヒント 教師は、机間指導を行い、迷っている児童に適切なアドバイスをする。

Step 4 グループ内で活動シート9-2「きもちのシーソー」を紹介し、同じところや違うところを見つける

▶グループ内で理由とともに紹介します。

▶教師は、友だちと同じところや違うところを見つけながら交流させます。

ヒント 教師は、あらかじめ4〜5人のグループを作っておく。

> では次に、活動シート9-2「きもちのシーソー」をグループ内で紹介し合いましょう。発表する人は、理由を付けて紹介しましょう。聞く人は、友だちと同じところや違うところを見つけながら聞きましょう。自分と同じ気持ちだったら、エピソードカードに〇を付けながら聞きましょう。リーダーから始めましょう。次は右隣の人が発表することにしましょう。リーダーは、全員が紹介し終えたら、手を挙げて先生に教えてください。では始めましょう。

Step 5　全体で交流する

▶教師は、エピソードカードの項目ごとに、「うれしい気持ち」か「いやな気持ち」かを聞き、児童に挙手させます。

▶教師は、あらかじめ板書用に７枚のエピソードカードを作成しておき、挙手させながら、「うれしい気持ち」「いやな気持ち」「意見が分かれたもの」に分類整理します。

▶教師は、数名の児童に理由を聞きます。

では、項目ごとに、どちらの気持ちになったかを聞きます。手を挙げて教えてください。
「宿題をする」がうれしい人。（挙手させて）○○さん理由を教えてください。（数名の児童に理由を言わせる）
では、「宿題をする」が嫌な人。（挙手させて）○○さん理由を教えてください。（数名の児童に理由を言わせる）
（エピソードカードを黒板に貼る）（７つの項目を続ける）

板書イメージ

| うれしい気持ち | 意見が分かれたもの | いやな気持ち |

---

③ まとめ

Step 6　本時の学習内容を振り返る

▶活動シート9-3「ふりかえりシート」に、本時の学習を振り返り、記入します。

▶教師は、全員が記入したことを確認し、数名の児童に記入した内容について発表させます。

▶教師は、学校や家での生活の中で起こる出来事に対して、人それぞれ感じ方が違うことを確認します。

今日の学習を振り返り、活動シート9-3「ふりかえりシート」に感想を書きましょう。
（全員が記入し終えたことを確認して）それでは、気付きや感想を発表しましょう。（数名の児童に発表させる）
人によってうれしかったり、嫌だったりする事柄が違うことに気付きましたね。
今皆さんが気付いたことはとても大切なことなのです。自分が好きだからみんなきっと喜ぶぞと思う事柄も、人によっては嫌いで嫌な気持ちになることだってあるのです。人それぞれ感じることは違っている。それは、当たり前のことなのです。
これからは、「私はうれしいけれどあなたはどう」と尋ねる優しさや思いやりが持てると、もっとたくさんの友だちと仲良しになれるかもしれませんね。

ヒント 教師は、児童の発表内容をまとめて板書しておくとよい。

6 家庭や地域と連携した活動

　活動シート9-2「きもちのシーソー」や学習内容を教室内に掲示し、学級懇談会等で紹介します。

どんな方ほうがあるかな
──問題を解決するために、どんなことができるかを考える──

ユニット 1 意志決定スキル育成

1 指導のねらい

・問題の解決方法は１つではないことに気付くことができる

・問題解決のための選択肢を複数挙げ、自分にとってより良い方法を選ぶことができる

　小学校低学年では、物事を解決するための生活経験が少なく、思い付いた１つの方法にこだわる傾向があります。しかし、問題を解決するためには、複数の方法を考え、その中から自分にとってより良い方法を選ぶことが大切です。

　１年生では、複数の中から理由を考えて良いと思うものを１つ選ぶ学習をしました。その学習を通して、児童は決めなければいけない内容と、複数ある中でなぜそれを選んだのかという理由を意識することが大切であることを学びました。

　本時では、問題の解決方法は１つではないことに気付き、たくさんの選択肢を挙げることで、自分にとってより良い解決方法を見つけることができるようにするために、この題材を設定しました。

2 準備するもの

📀 活動シート10-1：「どんな方ほうがあるかな」

📀 活動シート10-2：「ふりかえりシート」

📀 掲示用資料10-1：「せんたくしのルール」

・大き目の短冊

・マジック

活動シート10-1　　　活動シート10-2

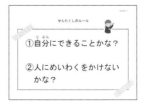

掲示用資料10-1

3 教育課程との関わり

特別活動　学級活動

4 指導過程（概略）

	活動のステップ	活動のポイント	準 備 物
導入	**Step 1** 「何をして遊ぶか」を考える	①教師は、「今からみんなで遊ぶとすると何をしたいか」と児童に尋ねる ②教師は、児童の発言を板書する	
	Step 2 本時のねらいを確認する	③教師は、本時は「選択肢」の意味を確認し、選択肢を複数挙げ、その中から自分にとってより良いものを選ぶ練習をすることを伝える	
展開	**Step 3** 問題を解決する方法は1つではないことを知る	①教師は、問題を解決するためには、複数の選択肢を考えることが大切であることを説明する ②教師は、良い選択肢を考えるためのルールを説明する	掲示用資料10-1「せんたくしのルール」
	Step 4 活動シート10-1「どんな方ほうがあるかな」1について考え、発表する	③活動シート10-1「どんな方ほうがあるかな」1についてグループで考え、短冊に書く ④教師は、グループごとに、短冊を黒板に貼りながら発表させる	活動シート10-1「どんな方ほうがあるかな」 大き目の短冊 マジック
	Step 5 良いと思う選択肢を3つ選んで、活動シート10-1「どんな方ほうがあるかな」2、3に記入する	⑤活動シート10-1「どんな方ほうがあるかな」2に、板書から3つを選び、記入する ⑥活動シート10-1「どんな方ほうがあるかな」3に、3つの選択肢の中から理由を考えながら1つを選び、記入する	
	Step 6 グループ内で活動シート10-1「どんな方ほうがあるかな」3に書いた内容について発表する	⑦何を選んだか、また選んだ理由について発表し合う	
まとめ	**Step 7** 本時の学習内容を振り返る	①活動シート10-2「ふりかえりシート」に記入する	活動シート10-2「ふりかえりシート」

5 指導の実際

① 導　入

Step 1　「何をして遊ぶか」を考える

▶教師は、「今から遊ぶ時間があるとするとみんなで何をして遊ぶか」と児童に問い、発表させ、板書します。

ヒント　教師は、あらかじめ児童が答えそうな遊びを、大き目の短冊に書いておくとよい。

> 今からみんなで遊ぶとすると、何をして遊びたいですか。考えて発表してください。
> みんなで考えるとたくさんの遊びが考えられましたね。このように、何かを考える時は、たくさんのアイデアを出し、その中から、みんなにとって良いものを選ぶことが大切ですね。

Step 2　本時のねらいを確認する

▶教師は、「何をして遊ぶか」でたくさん考えたこと、その方法の1つ1つを「選択肢」と言い、問題を解決するためには、複数の選択肢を考えることが大切であることを説明します。

▶教師は、本時は問題に対して選択肢を複数挙げ、その中から自分にとって最も良いと思うものを選ぶ練習をすることを説明します。

> 「何をして遊ぶか」で考えたたくさんのアイデアを「選択肢」と言います。
> 今日は、どうしようかなと思う出来事が起こった時、「選択肢」をたくさん挙げて、その中で一番良いと思うものを選ぶ練習をしましょう。

② 展　開

Step 3　問題を解決する方法は1つではないことを知る

▶教師は、問題を解決する方法には、いくつかの選択肢があり、どんな選択肢があるかしっかり考えることがとても大切であることを説明します。

▶教師は、掲示用資料10-1「せんたくしのルール」を使って、選択肢を考える際、大切な2つのルールについて説明します。

皆さんが、「どうしよう、困ったな」と感じる出来事が起こった時、その出来事をうまく解決するための方法は、1つではありません。どんな方法が良いか選択肢をしっかり考えて、その中から決めると失敗が少なくなります。
選択肢をたくさん挙げるといっても、自分ではできそうにないこと、やってはいけないこと、人の気持ちを傷つけるやり方はうまくいきませんね。
良い選択肢を考えるためのルールを皆さんに紹介します。
1つ目は「自分にできることかな」、2つ目は「人に迷惑をかけないこと」、つまり相手や周りの人に嫌な思いをさせないということです。

Step 4 活動シート10-1「どんな方ほうがあるかな」1について考え、発表する

▶教師は、活動シート10-1「どんな方ほうがあるかな」の1の問題を読み上げ、自分だったらどうするかを考え、グループで交流し、考えた方法を短冊に書かせます。

ヒント 教師は、選択肢を書く際、掲示用資料10-1「せんたくしのルール」を参考に考えるよう確認する。
教師は、短冊には、マジック等で大きく書くように指示する。

▶教師は、グループごとに発表させ、短冊を分類整理しながら黒板に貼ります。

では、活動シート10-1「どんな方ほうがあるかな」のプリントを見てください。(問題を読み上げ、支援や補足を説明するとよい)
こんな出来事が自分に起こった時、あなたはどうしますか? できるだけたくさんの方法を考え、書きましょう。
(個人で考える時間を与えて)では、考えた方法をグループで交流しましょう。出た方法はマジックで大きな字で短冊に書きましょう。1つの短冊には1つの方法を書きます。
(記入し終えたことを確認して)では、発表してください。(分類整理しながら黒板に貼っていく)

Step 5 良いと思う選択肢を3つ選んで、活動シート10-1「どんな方ほうがあるかな」2、3に記入する

▶教師は、黒板に貼られた短冊から3つの方法を選ばせ、活動シート10-1「どんな方ほうがあるかな」の2に記入させます。

▶教師は、その中から自分にとって最も良いと思う方法を決め、活動シート10-1「どんな方ほうがあるかな」の3に記入させます。

たくさんの選択肢が見つかりました。自分が良いと思う選択肢を黒板に貼ってあるものの中から3つ選びましょう。次に、活動シート10-1「どんな方ほうがあるかな」の2に書きましょう。自分の考えたもの以外を3つ選んでも構いません。
では始めてください。
（全員が選んだことを確認して）さらに、その3つの方法の中から、一番良いと思うものを活動シート10-1「どんな方ほうがあるかな」の3に、理由とともに書いてください。

Step 6 グループ内で活動シート10-1「どんな方ほうがあるかな」3に書いた内容について発表する

▶何を選んだか、また選んだ理由について発表し合います。

自分にとって良いと思った方法をグループ内で発表しましょう。選んだ理由も一緒に伝えてください。
（全員が発表し終えたことを確認して）たくさんの選択肢の中から自分にとって良いと思う方法を選ぶことができましたね。今日のように選択肢をたくさん挙げ、その中から自分にとって最も良いものを、理由を考えながら選ぶことで、問題を解決する方法をしっかりと考えることができました。普段は、これしかないと思う解決方法も、みんなで考えると意外とたくさんあるということに気付いた人もいるのではないでしょうか。

③ まとめ

Step 7 本時の学習内容を振り返る

▶活動シート10-2「ふりかえりシート」に記入します。

活動シート10-2「ふりかえりシート」に記入しましょう。
（全員が記入し終えたことを確認して）今日は、問題を解決する方法は1つではないこと、選択肢を考える時のルールがあることについて学習しました。これを使って、これからは、いろいろな解決方法を考えましょう。
また、考えても良い考えが出てこない時は、友だちやおうちの人、先生に相談するのもよいでしょう。きっと違った方法が見つかると思います。

▶教師は、数名の児童を指名し、分かったことや感想を発表させます。

6 家庭や地域と連携した活動

　学級懇談会や学級通信等で学習の様子について知らせ、日常の生活で活用できるように、理解を求めます。

わたしのちょうせん（2時間扱い）
——目標を立て、励まし合って達成する喜びを味わう——

1 指導のねらい

・目標を達成することの意義を知る

・良い目標の立て方に基づいて、1か月で達成できそうな目標を決めることができる

・目標を達成するために、互いに励まし合うことの大切さを知る

　2年生では、意欲的に学校生活を送るために目標の立て方を学びました。3年生では、学校生活にも慣れ、苦手を克服したり、できることをさらに伸ばしたりすることができる時期です。この時期に、目標を立て、周りの協力を得て、決められた期間で達成する経験をすることが大切です。

　本時では、中学年のスタートに当たり、自分を成長させる目標を立て、周りの人の協力を得ながら、意欲的、計画的に取り組み、達成する喜びを味わわせるために、この題材を設定しました。

---

2 準備するもの

◉ 活動シート11-1：「わたしのちょうせん」

◉ 活動シート11-2：「ふりかえりシート1」

◉ 活動シート11-3：「目ひょうに向かって」

◉ 活動シート11-4：「ふりかえりシート2」

◉ 掲示用資料11-1：「よい目ひょうを作るポイント」

・プレイスマット

　（模造紙を1/2の大きさに切ったもの）

・マジック（赤、青、黒）

活動シート11-1

活動シート11-2

3 教育課程との関わり

特別活動　学級活動

活動シート11-3

活動シート11-4

掲示用資料11-1

4 指導過程（概略）

		活動のステップ	活動のポイント	準 備 物
第1時	導入	**Step 1** 目標を達成するとどんな良いことがあるかを発表する	①目標を達成するとどんな良いことがあるかを発表する ②教師は、児童の発表を整理して板書する	
		Step 2 本時のねらいを確認する	③教師は、目標を達成することで、自分に自信がついたり、次への意欲に繋がったりすることを確認する ④教師は、本時は上手な目標の立て方について学習することを伝える	
	展開	**Step 3** 活動シート11-1「わたしのちょうせん」1に記入する	①活動シート11-1「わたしのちょうせん」1に、自分の「とくいなこと」「にがてなこと」をそれぞれ2つ以上記入する ②教師は、数名の児童に発表させる	活動シート11-1「わたしのちょうせん」
		Step 4 この1か月で特に頑張りたいことを1つ決める	③活動シート11-1「わたしのちょうせん」1のうち、特に頑張りたいことを2に記入する	
		Step 5 特に頑張りたいことを目標に変える	④教師は、掲示用資料11-1「よい目ひょうを作るポイント」について説明する ⑤掲示用資料を参考にして、特に頑張りたいことを、この1か月で達成したい目標にする	掲示用資料11-1「よい目ひょうを作るポイント」
		Step 6 グループ内で目標を紹介する	⑥グループ内で、目標を紹介し合う ⑦教師は、聞く人は感想やアドバイスを伝えるように指示をする	
	まとめ	**Step 7** 本時の学習内容を振り返る	①活動シート11-2「ふりかえりシート1」に記入する ②教師は、次時に目標を達成しやすくするための方法について考えることを伝える	活動シート11-2「ふりかえりシート1」

		活動のステップ	活動のポイント	準 備 物
第 2 時	導 入	Step **1** 本時のねらいを確認する	①教師は、本時は目標を達成するために、どんなことをするかを考えることを伝える	
	展 開	Step **2** 目標を達成するために、どんなことをするかを考える	①活動シート11-3「目ひょうに向かって」1に、前時で決めた目標を書いて確認する ②活動シート11-3「目ひょうに向かって」2に、目標を達成するためにどんなことをするかを考えて書く	活動シート11-3「目ひょうに向かって」
		Step **3** プレイスマットに書く	③教師は、プレイスマットの書き方を説明し、書かせる	プレイスマット
		Step **4** 目標を達成するためにどんなことをするかをグループ内で交流し、キャッチコピーを考える	④グループ内で発表し、それぞれすることを確認する ⑤教師は、目標を達成するために、グループで進捗状況を把握したり、励まし合ったりすることについて説明する ⑥グループで励まし合うために、キャッチコピーを作る ⑦プレイスマットの中央に、決めたキャッチコピーを書く	
		Step **5** 全体で交流する	⑧キャッチコピーを発表する	
		Step **6** 目標の進捗状況を確認することを伝える	⑨教師は、1週間ごとに、活動シート11-3「目ひょうに向かって」3を使って確認し合うことを伝える	
	ま と め	Step **7** 本時の学習内容を振り返る	①活動シート11-4「ふりかえりシート2」に記入する	活動シート11-4「ふりかえりシート2」

5 指導の実際

① 導　入

1 目標を達成するとどんな良いことがあるかを発表する

▶教師は、目標を達成するとどんな良いことがあるか、数名の児童を指名して発表させます。

▶教師は、意見が出にくい場合は、学級で目標を達成した時のことや教師自身の経験を踏まえてアドバイスをするようにします。例えば、ノートに花丸やシールがもらえる、おうちの人から褒めてもらえるなどアドバイスをします。

ヒント　教師は、児童から出た意見を、事柄と心の変化等に分けて板書しておくとよい。

皆さんは、運動や学習、生活の中で目標を立てたことがありますね。その目標が達成できた時、どんな良いことがありましたか。目標を立てて達成できた時のことを思い出して考えてみましょう。（数名の児童に発表させる）

2 本時のねらいを確認する

▶教師は、目標を達成することで、自分に自信がついたり、もっと頑張りたいという意欲に繋がったりするなど、目標に向かって取り組む意義について、分かりやすく伝えます。

▶教師は、本時は上手な目標の立て方について学習することを伝えます。

目標を達成することで、「やったぞ」「自分ならできる」という気持ちになります。だからこそ、「次も頑張るぞ」「もっとできるようになりたい」と意欲がわいてきますね。
今日は、上手な目標の立て方を学習しましょう。

② 展　開

3 活動シート11-1「わたしのちょうせん」1に記入する

▶教師は、活動シート11-1「わたしのちょうせん」を配付し、1に「とくいなこと」「にがてなこと」をそれぞれ2つ以上書くように伝えます。

ヒント　教師は、「生活面」「学習面」「運動面」「その他」から具体的にアドバイスをするとよい。

▶教師は、数名の児童に発表させます。

これから、活動シート11-1「わたしのちょうせん」の1に、今現在、自分自身でこれは良くできると感じたり、やっていて楽しいと感じたりする「とくいなこと」と、うまくできないと感じたり、好きでないと感じたりする「にがてなこと」を書き出してみましょう。例えば、本読みが得意、片付けが苦手など、学習や運動、生活などから考えてみましょう。「とくいなこと」「にがてなこと」それぞれ2つ以上書くようにしましょう。（数名の児童に発表させる）

Step 4　この1か月で特に頑張りたいことを1つ決める

▶活動シート11-1「わたしのちょうせん」の1に書いた、「とくいなこと」「にがてなこと」の中から、この1か月でできるようになりたいことを1つ選びます。

「とくいなこと」「にがてなこと」をそれぞれ2つ以上書くことができましたね。
ではこれから、皆さんが書いたものの中から、この1か月でもっとうまくできるようになったらいいな、苦手でなくなればいいなと思うことを1つ選びます。選んだら、活動シート11-1「わたしのちょうせん」の2に書きましょう。
では、始めましょう。

Step 5　特に頑張りたいことを目標に変える

▶教師は、掲示用資料11-1「よい目ひょうを作るポイント」を黒板に貼り、説明をします。

▶教師は、頑張りたいことを目標にするために、2つのポイントを参考にして考えることが大切であることを伝えます。

 教師は、丁寧に机間指導を行い、良い目標の2つのポイントを参考にして目標を決めているかを確認し、適切にアドバイスをする。
教師は、掲示用資料11-1「よい目ひょうを作るポイント」を模造紙大に拡大するなど、工夫するとよい。

この1か月で特に頑張りたいことが1つ決まりましたね。では、実際に1か月でできるように、目標を立ててみましょう。「いや、これがもう目標だよ」と思っている人もいるかもしれませんね。
ここで、良い目標とはどんな目標かについてお話しします。
黒板の「よい目ひょうを作るポイント」を見てください。良い目標を作るためには、2つの大切なポイントがあります。
・1つ目、何をどれだけ頑張るかが分かるかな
・2つ目、自分や周りの人が確かめられるかな
です。皆さんも、この2つのポイントを参考にして、1か月で達成できる良い目標に変えていきましょう。

例えば、特に頑張ることで「算数」を挙げた人は、算数の何を頑張りたいのかを詳しく考えてみましょう。計算なら掛け算なのか、割り算なのか、授業中の発表なのか、など、何を頑張りたいのか、詳しく書きましょう。国語なら漢字を覚えたいのか、丁寧に書くことなのか、などです。

考えたら、「わたしのちょうせん」の3に書きましょう。日にちは今から1か月後の○月○日にしましょう。

Step 6 グループ内で目標を紹介する

▶ グループ内で、活動シート11-1「わたしのちょうせん」の3に書いた目標を互いに紹介し合います。

▶ 教師は、聞く人に、感想やアドバイスを伝えるように指示をします。

皆さん、3年生になって頑張りたいことを目標にすることができましたね。

これから、1か月間、グループのみんなと協力し合いながら、ぜひ目標を達成してほしいと思います。そのために、グループ内で紹介し合いましょう。聞き終わったら、感想やアドバイスを伝えましょう。

③ まとめ

Step 6 本時の学習内容を振り返る

▶ 教師は、活動シート11-2「ふりかえりシート1」の1の項目には、当てはまるものに○印を、2の項目には、今日の学習で分かったことや感想を書くように指示します。

では、これから活動シート11-2「ふりかえりシート1」を配ります。

1には、当てはまるものに○を付けましょう。2には、今日の学習で分かったことを書いてください。

（全員が記入し終えたことを確認して）今日はより良い目標の作り方を知り、実際に目標を立て、グループで紹介し合いました。次の時間は、みんなが目標を達成できるように、グループごとにどんなことができるのかを考えていきます。

ヒント 教師は、授業終了後、再度一人一人の児童の目標を確認しておくとよい。

① 導　入

Step 1　本時のねらいを確認する

▶教師は、本時は目標を達成するために、どんなことをするかを考えることを伝えます。

 皆さんは、前の時間により良い目標を作るためのポイントを生かして、目標を立てましたね。今日は、その目標を達成するためにはどうしたらよいかを考えましょう。

② 展　開

Step 2　目標を達成するために、どんなことをするかを考える

▶教師は、活動シート11-3「目ひょうに向かって」の1に、前時で決めた目標を書き写すように指示します。

▶教師は、活動シート11-3「目ひょうに向かって」の2に、目標を達成するためにどんなことをするかを考えて書かせます。

 教師は、机間指導を行い、具体的な方法や、時間や回数などの数字を入れるなど、適切にアドバイスする。

 まず、活動シート11-3「目ひょうに向かって」の1に、前の時間で決めたそれぞれの目標を書き写しましょう。
（全員が記入し終えたことを確認して）次に、活動シート11-3「目ひょうに向かって」の2に、目標を達成するために、どんなことをするかを考えて書きましょう。その時、詳しい方法や時間や回数などの数字を書きましょう。例えば、毎日、計算問題を20問するとか、漢字を1日1頁ずつする、などです。このように書くと、自分にも友だちにも何をするのかがよく分かりますね。
では、考えて書きましょう。

Step 3　プレイスマットに書く

▶教師は、グループに模造紙を配付し、プレイスマットを作るように指示します。

ヒント　教師は、事前に模造紙を1/2に切ってグループ数のプレイスマットを作成しておく。

▶プレイスマットの自分に与えられた場所に名前と目標達成のためにすることを書きます。

では、プレイスマットの自分に与えられた部分に、まず自分の名前を書きましょう。次に、目標に向かって何をするかを書きましょう。

プレイスマットの例

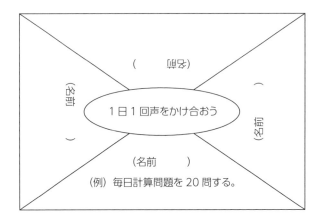

図内：
（名前）
（名前）
（名前）
（名前　　）
1日1回声をかけ合おう
（例）毎日計算問題を20問する。

Step 4 目標を達成するためにどんなことをするかをグループ内で交流し、キャッチコピーを考える

▶教師は、目標を達成するためにどんなことをするかをグループ内で紹介させます。

▶教師は、目標を達成するために、グループで進捗状況を把握したり、励まし合ったりすることについて説明します。

▶グループで励まし合うために、キャッチコピーを作ります。

▶プレイスマットの中央に、話し合ったキャッチコピーを書きます。

 プレイスマットを使って、目標を達成するためにすることを紹介し合いましょう。
（全員が紹介したことを確認して）目標を達成するためには、グループで頑張っているかを確認したり、励ましたりすることで「よし頑張ろう」「もっと頑張ろう」と思うことができます。そこで、グループで励まし合うために、キャッチコピーを考えましょう。例えば、「1日1回声をかけ合おう」「褒め合おう」「毎日頑張ろう」などが考えられますね。キャッチコピーができたら、プレイスマットの中央に書きましょう。

Step 5 全体で交流する

▶教師は、すべてのグループのプレイスマットができたことを確認して、キャッチコピーを発表させます。

ヒント 教師は、出来上がったプレイスマットを教室内に貼り、目標達成までの間、意識して取り組ませるようにする。

Step 6 目標の進捗状況を確認することを伝える

▶教師は、1週間ごとに、活動シート11-3「目ひょうに向かって」の3を使って、確認し合うことを伝えます。

> 1週間ごとに振り返りができるように、活動シート11-3「目ひょうに向かって」の3に表を作りましょう。皆さん書いてください。第1週目が○月○日です。第2週目は○月○日です。第3週目は○月○日です。第4週目は○月○日です。
> では1か月後、クラス全員で目標達成のお祝いができるよう、一人一人頑張っていきましょう。

③ まとめ

 Step 7 本時の学習内容を振り返る

▶教師は、活動シート11-4「ふりかえりシート2」の1の項目には、当てはまるものに○印を、2の項目には、今日の学習で分かったことや感想を書くように指示します。

> では、これから活動シート11-4「ふりかえりシート2」を配ります。
> 1には、当てはまるものに○を付けましょう。2には、今日学んで分かったことを書いてください。
> これから1か月間、グループの人同士で確認し合ったり、励まし合ったりして、全員が目標を達成できるように頑張っていきましょう。

6 家庭や地域と連携した活動

　教師は、プレイスマットを教室内に掲示するなど、目標達成への意欲を高める環境作りをします。また、参観日等で保護者に紹介し、協力を求めるようにします。さらに、学級通信等で児童が取り組んでいる様子を保護者に紹介することも大切です。

3年生②

自分をしょうかいしよう
──自分の良いところを見つけて伝え合う──

ユニット 1 セルフエスティーム形成スキル育成

1 指導のねらい

・自分らしさ（個性）に気付き、自分ができることを見つけることができる

・互いの自分らしさに気付き、認め合う

　　3年生は、友だちとの関わりが増えてくる時期です。しかし、友だちとの関係作りに消極的になったり、トラブルになったりするのもこの時期の特徴です。

　　こうした時期において、より良く生きるための基盤となるセルフエスティーム（健全な自尊心）を育てるために、自分の良さを知り、互いに認め合うことが大切になります。

　　本時では、自分らしさを紹介する活動を通して、自分や友だちを大切に思う気持ちを育てるために、この題材を設定しました。

2 準備するもの

◉ 活動シート12-1：「しょうかいカード」

◉ 活動シート12-2：「コラージュ」

◉ 活動シート12-3：「ふりかえりシート」

◉ 掲示用資料12-1：

　　「コラージュの作り方」

◉ 家庭用資料12-1：

　　「コラージュ作成に関するお願い」

・はさみ

・のり

・サインペン

・マジック

・写真や絵

　（10枚程度、家庭から持ち寄ったもの）

活動シート12-1

活動シート12-2

活動シート12-3

掲示用資料12-1

家庭用資料12-1

3 教育課程との関わり

特別活動　学級活動　特別の教科道徳（A. 主として自分自身に関すること-（4））

4 指導過程（概略）

	活動のステップ	活動のポイント	準 備 物
導入	**Step 1** 本時のねらいを確認する	①教師は、本時は自分の良いところを見つけて、自己紹介をすることを伝える ②教師は、あらかじめ自己紹介に使う写真や絵を用意するように伝えておく	家庭用資料12- 1「コラージュ作成に関するお願い」 写真や絵（10枚程度）
展開	**Step 2** 活動シート12- 1「しょうかいカード」に記入する	①教師は、活動シート12- 1「しょうかいカード」を読み上げながら記入させる ②教師は、記入できない項目がある場合は、書かなくてもよいことを伝える	活動シート12- 1「しょうかいカード」
	Step 3 コラージュの作り方を知る	③教師は、コラージュの作り方について掲示用資料12- 1「コラージュの作り方」を活用して説明する	掲示用資料12- 1「コラージュの作り方」
	Step 4 活動シート12- 2「コラージュ」を作成する	④活動シート12- 2「コラージュ」に、活動シート12- 1「しょうかいカード」を参考にして、コラージュを作成する ⑤用意した写真や絵を組み合わせてコラージュを作成する	活動シート12- 2「コラージュ」 写真や絵（10枚程度） はさみ のり サインペン マジック
	Step 5 コラージュをグループ内で紹介し合う	⑥出来上がったコラージュを、活動シート12- 1「しょうかいカード」を参考にしてグループ内で紹介し合う	
まとめ	**Step 6** 本時の学習内容を振り返る	①活動シート12- 3「ふりかえりシート」に記入した後、感想や意見を発表する	活動シート12- 3「ふりかえりシート」

5 指導の実際

① 導 入

Step 1　本時のねらいを確認する

▶教師は、本時は自分の良いところを見つけて、自己紹介をすることを伝えます。

▶教師は、事前に活動シート12-1「しょうかいカード」に書かれている内容について説明し、自己紹介に適した写真や絵を切り抜いて持ってくるように伝えておきます。

ヒント　教師は、事前に活動シート12-1「しょうかいカード」について説明し、記入させておくことが望ましい。
　　教師は、事前に家庭用資料12-1「コラージュ作成に関するお願い」を配付して、保護者に写真や絵を10枚程度用意することについて協力を求めておくとよい。
　　写真や絵は、大きさや形は自由だが、あまり小さいものは望ましくない。

> 今日は、自分のことを伝えて、友だちにもっと知ってもらい、友だちのこともよく知るために「コラージュ」を作って、紹介し合います。
> どんな自己紹介ができるでしょうか。楽しみですね。

② 展 開

Step 2　活動シート12-1「しょうかいカード」に記入する

▶活動シート12-1「しょうかいカード」に、それぞれの項目ごとに、自分の良いところや好きなこと、得意なこと、頑張っていることなどを記入します。

ヒント　教師は、事前に **Step 2** まで済ませて児童に写真や絵を用意させると、コラージュ作りの時間を確保できてよい。

> では、活動シート12-1「しょうかいカード」に記入します。まず最初に、名前、誕生日、好きなキャラクターについて書いていきましょう。
> （全員が記入し終えたことを確認して）みんな書けましたね。では、次の項目について先生が読むので、一緒に書いていきましょう。考えてもよく分からなければ、書かなくてもよいです。
> （項目を読み上げ、児童と対話しながら記入させていく）

ヒント　教師は、書けない項目は書かなくてもよいことを伝える。

Step 3　コラージュの作り方を知る

▶教師は、掲示用資料12-1「コラージュの作り方」を活用して説明します。

コラージュとは、自分が思っていることや考えていることを、写真や絵を切り抜き、貼り付けることで表す方法です。この資料を見てください。

例えば、ここには「○○」が貼ってありますね。これは好きな食べ物を表しています。このように、一人一人が活動シート12-1「しょうかいカード」に書いたことと関係がある写真や絵を貼り付けて作る、世界でたった1つの「自分を表す作品」です。どんな作品ができるかとても楽しみですね。

今日は、皆さんがおうちから持ってきてくれた写真や絵を貼り付けて作っていきます。

Step 4　活動シート12-2「コラージュ」を作成する

▶教師は、児童に持ってきた写真や絵を準備させます。

▶活動シート12-1「しょうかいカード」をもとに、写真や絵を貼り付けコラージュを完成させます。

▶教師は、持ち寄った写真や絵が足りない場合は、絵や文字を書いてもよいことを伝えます。

ヒント　教師は、コラージュに書き入れる文字は、短く簡潔なものにするようにアドバイスするとよい。
　　　　教師は、絵を描くためのサインペンやマジックを用意しておくとよい。

 では、活動シート12-2「コラージュ」に、コラージュを作ります。すでに人の横顔が描かれています。その中に、皆さんが持ってきた写真や絵を上手に貼っていきましょう。後でグループ内で発表してもらいますので、説明しやすいように貼るとよいですね。また、写真や絵が足りない場合は、サインペンやマジックなどが用意してありますから、自分で絵を描いたり、短い文字を書き入れたりしても構いません。

では、活動シート12-1「しょうかいカード」を参考にしながら、自分だけのコラージュを作りましょう。始めてください。

Step 5　コラージュをグループ内で紹介し合う

▶教師は、全員がほぼ出来上がったことを確認して、机を移動して4〜6人のグループを作らせます。

▶教師は、活動シート12-1「しょうかいカード」を参考にしながら、グループ内でコラージュの紹介をするように指示します。

ヒント 教師は、掲示用資料12-1「コラージュの作り方」や教師自身が作ったコラージュを使って、説明のモデルを示すとよい。

> コラージュが出来上がりましたね。ではこれからグループで、出来上がったコラージュを使って、自己紹介をしてもらいます。
> 先生も自分のコラージュを作ってみました。紹介をするので聞いてください。
> （例）私の名前は、○○です。誕生日は、○月○日です。好きなキャラクターは○○です。好きな食べ物は、○○です。（「しょうかいカード」に沿って説明する）
> 最後に、こんな先生ですが、明るい学級にしたいと思っています。よろしくお願いします。
>
> では、それぞれのグループで紹介し合いましょう。発表を聞いた後は、「よろしくお願いします」の気持ちを込めて拍手をしましょう。

③ まとめ

Step 6 本時の学習内容を振り返る

▶教師は、活動シート12-3「ふりかえりシート」に記入させた後、分かったことや感想をできるだけ多くの児童に発表させます。

ヒント 教師は、児童の発表内容をまとめて板書しておくとよい。

▶教師は、児童の気付きや発言をまとめ、人それぞれ自分らしさを持っており、それを認め合うことが大切であることを確認します。

ヒント 教師は、全体で紹介する場を朝の会や帰りの会などで設けるとよい。

> グループ内での紹介が終わりましたね。それぞれの「自分らしさ」がいっぱいつまったコラージュが出来上がりました。また一人一人みんなに聞いてもらう時間を作りたいと思います。楽しみにしていてください。
> では、今日の振り返りをしましょう。活動シート12-3「ふりかえりシート」に記入してください。
> （全員が記入し終えたことを確認して）コラージュ作りや友だちの発表を聞いて、気付いたことや感想を伝え合いましょう。（数名の児童に発表させる）
> コラージュ作りを通して、自分の良さや自分が頑張っていることに気付いたり、友だちの良さや頑張りを発見したりすることができましたね。一人一人好きなものや得意なもの、頑張っていることは違うけれど、それが「自分らしさ」です。それぞれの「自分らしさ」を大切にしていきたいですね。

6 家庭や地域と連携した活動

　教師は、出来上がった活動シート12-2「コラージュ」と活動シート12-1「しょうかいカード」を
セットにして台紙に貼り付け、掲示物やアルバム等として活用したり、参観日等で児童の発表会を企
画したりすることもよいでしょう。

聞き方マイスターになろう
——良い話の聞き方を練習する——

1 指導のねらい

・上手に話を聞くための要素が分かる

・学校生活や日常生活で上手に話を聞くスキルが活用できるようになる

　3年生は語彙も増え、言葉によるコミュニケーションが盛んになる時期です。しかし、個人差が大きく、言葉で自分の思いを十分に伝えることができなかったり、相手を傷つける言葉を使ったりして、トラブルに発展することもあります。

　こうした時期に、まず聞くことの重要性について学び、相手の思いを受け止めたり上手に引き出したりするスキルを身に付けることはとても大切です。

　本時では、聞くことに焦点を当て、上手に聞くためのポイントを理解し、日常生活に生かせるようにするために、この題材を設定しました。

2 準備するもの

◎ 活動シート13-1：「聞き方マイスターになろう」

◎ 児童用シート13-1：
　「もっと聞かせてカード」（グループに1枚ずつ）

◎ 児童用シート13-2：
　「聞き方マイスター認定証」（メダル）

・封筒（「もっと聞かせてカード」を入れるためのもの）

活動シート13-1　　　児童用シート13-1

3 教育課程との関わり

特別活動　学級活動　特別の教科道徳

　（B. 主として人との関わりに関すること-(8)）

児童用シート13-2

4 指導過程（概略）

	活動のステップ	活動のポイント	準 備 物
導入	**Step 1** 本時のねらいを確認する	①教師は、本時は上手な話の聞き方のポイントについて学ぶことを伝える	
展開	**Step 2** 良くない話の聞き方に気付く	①教師による、良くない話の聞き方の演技を見る ②気付いたことを発表する	
	Step 3 上手な話の聞き方に気付く	③教師による、上手な話の聞き方の演技を見る ④気付いたことを発表する ⑤教師は、児童の意見を板書する	
	Step 4 上手な話の聞き方を確認する	⑥活動シート13-1「聞き方マイスターになろう」1について確認する ⑦教師は、板書をもとに、態度、表情、話の引き出し方など、上手な聞き方について整理する ⑧教師は、発表を聞く時の学級のルールがあれば、確認する	活動シート13-1「聞き方マイスターになろう」
	Step 5 「もっと聞かせてゲーム」の進め方について知る	⑨教師は、あらかじめ4〜5人のグループを作っておく ⑩教師は、「もっと聞かせてゲーム」の進め方について説明する	児童用シート13-1「もっと聞かせてカード」（グループに1枚ずつ） 封筒 児童用シート13-2「聞き方マイスター認定証」（メダル）
	Step 6 「もっと聞かせてゲーム」をする	⑪教師は、活動シート13-1「聞き方マイスターになろう」1を参考に、上手に聞くことを意識してゲームをすることを確認する ⑫グループ内で児童用シート13-2「聞き方マイスター認定証」（メダル）を贈り合う	
まとめ	**Step 7** 本時の学習内容を振り返る	①活動シート13-1「聞き方マイスターになろう」2、3に記入した後、感想や意見を発表する	

5 指導の実際

① 導　入

Step 1　本時のねらいを確認する

▶教師は、本時は上手な話の聞き方のポイントについて学ぶことを伝えます。

> 今日は、上手に相手の話を聞くことができるようになるために、皆さんに「聞き方マイスター」を目指して学習をしてもらおうと思います。

② 展　開

Step 2　良くない話の聞き方に気付く

▶教師は、良くない話の聞き方の例を示すための演技を児童に見せて、気付いたことを発表させます。

ヒント　聞き役の教師は、時計を見たり、探し物をしたりするなど、相手の話に集中していない態度が児童に分かるように演じるとよい。
他の教職員に「話をする役割」を演じてもらうよう、事前に協力を求めておく。

> では、これから○○先生とお話をします。特に「聞く人」、先生に注目して、聞き方について見てほしいと思います。後で気付いたことを発表してもらいます。
> では始めます。(児童に教師による演技を見せる)

> 先生と○○先生が話している様子を皆さんに見てもらいました。先生の聞き方について、皆さんはどんなことに気付きましたか。発表してください。

Step 3　上手な話の聞き方に気付く

▶教師は、良い話の聞き方の例を示すための演技を児童に見せて、気付いたことを発表させ、板書しておきます。

▶教師は、「話をする役割」を演じた教職員にも、良くない聞き方に比べてどのように感じたか感想を聞き、板書しておきます。

ヒント　教師は、事前に話をする役割の先生に、話しやすさと話す相手の態度から受けた気持ちについて簡潔に児童に話してもらうよう依頼しておくとよい。

もう一度、○○先生にお話をしてもらいます。先生がまた「聞き役」になります。後で感想を聞きますので、聞き方をよく見ていてください。

（演技後）どうでしたか。気付いたことを発表しましょう。（数名の児童に発表させ、出された意見を板書する）

ここで、話をしてくれた○○先生に、２つの聞き方で、どちらが話しやすかったかと、それぞれの聞き方を相手がした時、どのような気持ちになったかについて聞いてみましょう。では、○○先生お願いします。（先生の感想を板書する）

Step 4 上手な話の聞き方を確認する

▶教師は、上手な話の聞き方について、活動シート13-1「聞き方マイスターになろう」の１と板書を見ながら、上手に聞くスキルについて確認します。

上手な話の聞き方をするには、大切なポイントがあります。先ほど、皆さんが発表してくれた中にもたくさん出ていました。

ここでは、「聞き方マイスター」にとって大切な「上手な聞き方のポイント」について、活動シート13-1「聞き方マイスターになろう」を使って確認しておきましょう。

まず、１つ目は「よく聞いてるよ」を話している人に伝えることです。うなずいたり、相手の方を向いたりして話す人が気持ちよく話せるようにすることです。

２つ目は、「あなたの話を聞くのがうれしいよ」を伝えることです。「うんうん」「へぇー、すごい」など相づちをしながら聞きましょう。反対に、途中で話に割り込んでさえぎってしまったり、関係のない違う話をしたり、聞かれていないのに、「それはね、○○したらいいよ」などとアドバイスしたりしては、相手は話がしっかりとできなくなってしまいます。

３つ目は、「もっと話を聞かせてよ」を伝えることです。相手が話しやすいように「どうして」「なぜ」「それからどうなったの」などと質問したり、簡単にまとめて「それは、○○だったんだね」などと確認したりします。

この３つの聞き方のポイントを大切にして聞くと、相手の話をしっかりと聞くことができるし、お互い気持ちよく話をすることができます。

Step 5 「もっと聞かせてゲーム」の進め方について知る

▶教師は、あらかじめ４〜５人のグループを作っておきます。

▶教師は、「もっと聞かせてゲーム」の進め方について説明します。

▶教師は、「上手な聞き方のポイント」を使って聞くことを確認します。

▶教師は、「もっと聞かせてカード」が入った封筒を、各グループに配付します。

▶教師は、聞き方マイスター認定証（メダル）をグループの人数分配付します。

これから、「もっと聞かせてゲーム」をします。
まずは、聞く順番を決めましょう。（決まったことを確認して）聞く人は、活動シート13-1「聞き方マイスターになろう」の1「上手に話を聞くための3つのポイント」を使って話を聞きましょう。話す人は聞く人の右隣の人です。話す人は、封筒の中からカードを1枚引き、そのお題に沿った話をしましょう。
それ以外の人は審査員です。聞く人が「上手に話を聞くための3つのポイント」を使って、話を聞くことができているかを審査してください。できていたら、マイスターメダルを渡してください。
それではこれから封筒とメダルを配ります。

Step 6 「もっと聞かせてゲーム」をする

▶教師は、タイマー等で時間を計り（1分間）、始めと終わりの合図をします。

▶教師は、「聞き方マイスター認定証」（メダル）を贈る時、特にどんなところが良かったのかを伝えて贈るように説明します。

では、話す人は封筒の中からカードを1枚引いてください。
カードに書いてある内容について話を始めます。先生の「始め」で話を始め、「終わり」で話を終わってください。
（すべてのグループで、1人目の話が終わったことを確認して）審査員の人は、聞く人に良かったところを伝えて、メダルを渡しましょう。
（全員にメダルが渡ったことを確認して）では、交代します。聞く人の右隣の人が話す人です。カードを引きましょう。では始めましょう。（グループ全員が話し終えるまで繰り返して続ける）

③ まとめ

Step 7 本時の学習内容を振り返る

▶教師は、活動シート13-1「聞き方マイスターになろう」の2、3に記入させ、数名の児童に振り返りを発表させます。

▶教師は、上手な聞き方によって、話の内容を正確に理解したり、話の内容を深めたりすることができることを伝えて、生活の中でも学習を生かしていくよう確認します。

▶教師は、家庭でも活用するように促します。

活動シート13-1「聞き方マイスターになろう」の2、3について、今日の学習を振り返りながら記入しましょう。(全員が記入し終えたことを確認して、数名の児童を指名して振り返りを発表させる)

今日は「聞くこと」について学習しました。聞き上手は、話す人にもっと話したい、話すことは楽しいなと感じさせることが分かりましたね。

今日から皆さんは、「聞き方マイスター」です。「上手に話を聞くことは、相手を大切にすること」です。友だちやおうちの人など、いろんなところでいろんな人と話す時、今日学んだ「上手な聞き方のポイント」を使いましょう。これからもますます「上手な聞き方」ができるように頑張っていきましょう。

6 家庭や地域と連携した活動

学級通信や参観日等で、学習の様子を積極的に伝え、家庭でも「聞くこと」の大切さを意識した会話への協力について、理解を促すようにします。

よい決め方のひけつ
——問題を上手に解決する秘訣に気付く——

ユニット **1** 意志決定スキル育成

1 指導のねらい

・選択肢の「よい点」「こまった点」を考えることで、良い決定ができることに気付くことができる

　　１年生では、解決しなければならない問題に対して、複数の中から理由を考えて良いと思うものを１つ選ぶ学習をしました。２年生では、どのような方法があるかを考え、複数の選択肢の中から１つを選ぶ学習をしました。

　　本時では、今までの学習を踏まえ、問題をより良く解決するためには、選択肢の「よい点」「こまった点」を考えることが大切であることに気付くために、この題材を設定しました。

2 準備するもの

活動シート14-1：「よい決め方のひけつ」

活動シート14-2：「ふりかえりシート」

・掲示用資料14-1：「よい決め方のひけつ」

　（活動シート14-1「よい決め方のひけつ」を模造紙大に拡大したもの）

活動シート14-1

活動シート14-2

3 教育課程との関わり

特別活動　学級活動

4 指導過程（概略）

	活動のステップ	活動のポイント	準 備 物
導入	**Step 1** どんな選択肢があるかを考える **Step 2** 本時のねらいを確認する	①教師は事例を読み、できるだけ多くの選択肢を考えさせる ②教師は、児童の発言を板書に整理する ③教師は、本時は良い決め方の秘訣について考えることを確認する	活動シート14-1「よい決め方のひけつ」
展開	**Step 3** 活動シート14-1「よい決め方のひけつ」の選択肢を確認する **Step 4** 選択肢1と2の「よい点」と「こまった点」について話し合う **Step 5** 各自で選択肢3の「よい点」と「こまった点」を考える **Step 6** 各自で一番良いと思った選択肢を選ぶ	①教師は、良い決め方をするためには、できるだけ多くの選択肢を挙げることが大切であることを説明する ②教師は、活動シート14-1「よい決め方のひけつ」2に書かれている選択肢を読み上げ、残りの1つを記入させる ③教師は、良い決め方をするためには、それぞれの選択肢の「よい点」「こまった点」について考えることが大切であることを説明する ④教師は、選択肢1の「よい点」と「こまった点」について全員で話し合わせ、板書する ⑤教師は、選択肢2の「よい点」と「こまった点」についてグループで話し合わせる ⑥教師は、話し合ったことについて発表させ、板書する ⑦個人で考え、グループで交流する ⑧教師は、数名の児童に選択肢と「よい点」「こまった点」を発表させ、板書する ⑨自分にとって最も良いと思う選択肢を1つ選び、活動シート14-1「よい決め方のひけつ」3に記入する ⑩自分が決めた選択肢となぜそれに決めたかを発表する	掲示用資料14-1「よい決め方のひけつ」（模造紙大に拡大する）
まとめ	**Step 7** 本時の学習内容を振り返る	①活動シート14-2「ふりかえりシート」に記入する ②教師は、大事なことを決める時は、選択肢をたくさん挙げ、その選択肢の「よい点」や「こまった点」を考えて決めることを確認する	活動シート14-2「ふりかえりシート」

5 指導の実際

① 導　入

Step 1　どんな選択肢があるかを考える

▶教師は、活動シート14-1「よい決め方のひけつ」の事例を読み上げ、同時に2人の友だちから、違う遊びに誘われた時どうするかについて、できるだけ多くの選択肢を挙げさせます。

ヒント　教師は、誘われた時の状況がイメージできるように、絵で表現するなど工夫するとよい。
　　　　教師は、児童の意見を板書しておく。

> 友だちのA君から、「大休憩にドッジボールをしよう」と誘われました。しばらくして、B君からも「大休憩にサッカーをしよう」と誘われました。2人とも仲の良い友だちです。皆さんだったらこんな時どうしますか。発表してください。（教師は出された意見を分類整理しながら、すべて板書する）
> （例）・先に誘ってくれたA君と遊ぶ
> 　　　・B君と自分が好きなサッカーをする
> 　　　・A君とB君の3人で何をして遊ぶか相談する
> 　　　・どっちも断る
> 　　　・A君とは大休憩に、B君とは昼休憩に変更するよう頼む
> 　　　・大休憩の前半、後半に分けて両方に参加する

Step 2　本時のねらいを確認する

▶教師は、本時はたくさんの選択肢の中から、自分にとって良い方法を見つける「ひけつ」について考えることを確認します。

100

皆さんが挙げてくれた1つ1つの方法のことを「選択肢」と言います。
今日は、皆さんが挙げた「選択肢」の中から、1つ選ぶとしたら、どの方法が最も良いのか、選ぶための「ひけつ」について、これからみんなで学習していきましょう。

②展　開

Step 3　活動シート14-1「よい決め方のひけつ」の選択肢を確認する

▶教師は、良い決め方をするためには、できるだけ多くの選択肢を挙げることが大切であることを確認します。

▶教師は、活動シート14-1「よい決め方のひけつ」の2にあらかじめ書かれた選択肢を読み上げて、確認します。

▶教師は、活動シート14-1「よい決め方のひけつ」の2の選択肢3に板書から選んで書かせます。

まず、1つ目の「ひけつ」は選択肢をたくさん挙げることです。皆さんが先ほど考えてくれたように、できるだけ多くの選択肢を挙げることが大切です。今日は、練習ですので、すでに選択肢を2つ挙げています。（1つ1つ読み上げて、確認する）
1つ空いているところには、自分で考えたものや、黒板に書かれているものの中から選んで書きましょう。

Step 4　選択肢1と2の「よい点」と「こまった点」について話し合う

▶教師は、選択肢1について、クラス全員で「よい点」「こまった点」について考え、発表させます。

ヒント　教師は、活動シート14-1「よい決め方のひけつ」を拡大コピーするなど、黒板上で記入方法が示せるよう工夫するとよい。

良い決め方の「ひけつ」の2つ目は、それぞれの選択肢の「よい点」と「こまった点」について考えることです。この選択肢を選んだら、どんなことが起こるか、選んだ結果についてこれから考えていきます。
ではまず、選択肢1についてみんなで考えていきましょう。「A君と遊ぶ」についてです。
「よい点」をみんなで考えてみましょう。どんな「よい点」があるか発表してください。
（児童の発言を黒板に整理する）
次に「こまった点」について考えます。どんな「こまった点」があるか発表してください。
（同様に板書する）
皆さんの活動シート14-1「よい決め方のひけつ」の同じ場所に、皆さんで考えた「よい点」と「こまった点」を書いておきましょう。
　（全員が記入し終えたことを確認して）次に選択肢2の「よい点」と「こまった点」につい

て考えます。これはグループで意見を出し合い、自分の活動シートに書いていきます。では、4人グループを作り話し合ってください。
（話し合い後）グループの代表は発表してください。（板書する）
いろいろな「よい点」と「こまった点」が出てきましたね。自分たちに出なかった意見があったら、書き加えておきましょう。

▶教師は、机間指導をしながら、いくつかのグループを指名し、話し合った「よい点」と「こまった点」を発表させ、板書します。

Step 5 各自で選択肢3の「よい点」と「こまった点」を考える

▶教師は、活動シート14-1「よい決め方のひけつ」の2の選択肢3について個人で考えて書かせ、グループで交流させます。

ヒント 教師は、机間指導を行い、適切なアドバイスをする。

今まで、全員やグループで話し合ったことを参考にして、選択肢3について、1人で考えてみましょう。
（全員が記入し終えたことを確認して）では、グループ内で交流しましょう。
（全員が発表し終えたことを確認して）それでは発表しましょう。選択肢とその「よい点」と「こまった点」の順に発表しましょう。（数名の児童に発表させ、板書する）
それぞれの選択肢について、「よい点」と「こまった点」を確認しました。どの選択肢にも「よい点」と「こまった点」があることが分かりましたね。

Step 6 各自で一番良いと思った選択肢を選ぶ

▶たくさんの選択肢の中から自分にとって最も良いと思うものを1つ選び、活動シート14-1「よい決め方のひけつ」の3に記入します。
▶教師は、全員が記入し終えたことを確認して、なぜそれを選んだか理由を述べながら発表するように指示します。

1つ1つの選択肢について、しっかり考えてみました。では次に、たくさんの選択肢のうち、どれが自分にとって一番良い方法かを考えて、活動シート14-1「よい決め方のひけつ」の3の「この方法に決めた」に書きましょう。
（全員が記入し終えたことを確認して）では、発表してもらいます。なぜこの選択肢を選んだのか理由も紹介しましょう。

③ まとめ

Step 7 本時の学習内容を振り返る

▶教師は、活動シート14-2「ふりかえりシート」の1の項目には、当てはまるものに○印を、2の項目には、今日の学習で分かったことや感想を書くように指示します。

▶教師は、数名の児童を指名し、分かったことや感想を発表させます。

> では、活動シート14-2「ふりかえりシート」の1に、当てはまると思う数字に○印を、2に、今日の学習で分かったことや感想を書きましょう。(数名の児童に発表させる)
>
> 今日は、「よい決め方のひけつ」を2つ学びましたね。1つ目は選択肢をたくさん挙げること、2つ目は、選択肢の「よい点」と「こまった点」についてしっかり考えて決めることでした。授業の始めに決めた選択肢と学習した後に決めた選択肢は、違っていたという人もいると思います。難しいことを決めなければいけない時ほど、この「よい決め方のひけつ」が役に立ちます。
>
> 選択肢の中からたった1つを選ぶ時に大切なことは、何を選ぶかはもちろんですが、なぜそれを選ぶのかという選んだ理由をしっかり考えることの方がもっと大切です。

板書例

めあて	どうする？せんたくし		1	2	○時間を決めて…
		せんたくし	A君と遊ぶ	B君と遊ぶ	☺ ☹
A君　B君	・先に誘ってくれたA君と遊ぶ ・B君と自分が好きなサッカーをする ・A君とB君の3人で何をして遊ぶか相談する ・どっちも断る ・A君とは大休憩に、B君とは昼休憩にしてもらう ・休憩の前半、後半に分けて両方に参加する	よい点			○日を変えて… ☺ ☹
ドッジボール　サッカー		こまった点			○他の子も… ☺ ☹ ○ちがう… ☺ ☹

6 家庭や地域と連携した活動

　学級内でトラブルが発生した場合の解決方法を考える際など、日常生活の中で意識的に「よい決め方のひけつ」を活用するとよいでしょう。

4年生①

友だちをしょうかいしよう
——友だちの良いところをインタビューして紹介し合う——

ユニット 1 セルフエスティーム形成スキル育成

1 指導のねらい

・インタビューをし、友だちの良さを紹介することができる

・互いの良さや違いを認め合うことができる

　4年生では、使用語彙数が増加し、言葉による意思疎通が上手にできるようになってきます。また、友だちとの友情を育んだり、相手の特性に対して尊敬や共鳴しようとする気持ちが芽生えたりする時期です。

　3年生では、自分の良さを紹介する活動を通して、自分を大切に思う気持ちを育てる学習をしました。友人関係に変化が起こるこの時期に、友だちの良さに積極的に気付く機会を持つことは大変有意義です。

　本時では、インタビューをし、紹介し合うことを通して、友だちの良さに気付き、互いの良さや違いを認め合うことができるようにするために、この題材を設定しました。

---

2 準備するもの

😊 活動シート15-1：「インタビューカード」

😊 活動シート15-2：「友だちをしょうかいしよう」

😊 活動シート15-3：「ふりかえりシート」

😊 児童用資料15-1：「上手に話を聞くためのポイント」

活動シート15-1　　　活動シート15-2

活動シート15-3　　　児童用資料15-1

3 教育課程との関わり

特別活動　学級活動　特別の教科道徳（B. 主として人との関わりに関すること-(6)）

4 指導過程（概略）

	活動のステップ	活動のポイント	準 備 物
導入	**Step 1** 本時のねらいを確認する	①教師は、他己紹介のロールプレイを見せる ②教師は、本時は友だちの頑張っていることや得意なことをインタビューして紹介することを伝える	
展開	**Step 2** 上手に話を聞くためのポイントを確認する	①教師は、児童用資料15-1「上手に話を聞くためのポイント」について確認する	児童用資料15-1「上手に話を聞くためのポイント」
	Step 3 互いにインタビューし合う	②活動シート15-1「インタビューカード」を使って、互いにインタビューし合う	活動シート15-1「インタビューカード」
	Step 4 友だちを紹介する内容をまとめる	③活動シート15-2「友だちをしょうかいしよう」にインタビューした内容をまとめ、紹介のための準備をする	活動シート15-2「友だちをしょうかいしよう」
	Step 5 グループで、友だちの紹介をする	④活動シート15-2「友だちをしょうかいしよう」を使って、グループ内で紹介し合う ⑤指名された児童は全体に紹介する	
まとめ	**Step 6** 本時の学習内容を振り返る	①活動シート15-3「ふりかえりシート」に記入した後、感想や意見を発表する	活動シート15-3「ふりかえりシート」

5 指導の実際

① 導 入

Step 1 本時のねらいを確認する

▶教師は、他己紹介のロールプレイを見せます。

▶教師は、本時は友だちの頑張っていることや得意なことをインタビューして紹介することを伝えます。

ヒント 教師は、友だち紹介の例をあらかじめ作成しておき、それを示すことで、児童に発表のイメージを持たせるとよい。
教師はあらかじめ、インタビューをし合うペアを作っておくとよい。

> 今日は、友だちの頑張っていることや得意なことをインタビューし、紹介し合って、クラスの友だちのことをもっとたくさん知る学習をします。
> まずは、先生がやってみます。
> これから、○○先生の紹介をします。○○先生が、今頑張っていることは○○です。○○先生が得意なことは○○です。○○先生の将来の夢は○○です。私はこんな○○先生をすてきだと思います。

ヒント 児童と関わりのある先生の紹介をする方が望ましい。

② 展 開

Step 2 上手に話を聞くためのポイントを確認する

▶教師は、児童用資料15-1「上手に話を聞くためのポイント」を配付し、説明します。

> まず、インタビューについて、説明します。インタビューする時には、相手にたくさん話してもらうことが大事です。そのためには、インタビューする人の聞き方がポイントになります。
> では、「上手に話を聞くためのポイント」を確認しましょう。ポイントは3つです。
> 1つ目は、「よく聞いてるよ」ということが相手に伝わるようにすることです。相手の方を向いて、うなずいたり、相づちを打ったり、身を乗り出しながら聞きましょう。人が話している時に、きょろきょろするなど落ち着かない行動は避けましょう。
> 2つ目は、「あなたの話を聞くのがうれしいよ」ということが相手に伝わるようにすることです。相手の話を最後まで聞きます。途中で話を止めたり、自分の考えを言ったりしないようにします。
> 3つ目は、「もっと話を聞かせてよ」という気持ちを伝えます。例えば、「どうしてそうなったの」とか、「それからどうなったの」など、そのことについて、もっと具体的に話してもらうように質問をしましょう。また、「うれしかったね」「残念だったね」など、相

手の気持ちを想像して、言葉で伝えることも効果的です。

この３つのポイントを参考に、相手の話をしっかり聞き、相手が話したいと感じられるようなインタビューにしましょう。

ヒント 教師は、３つのポイントを具体的な例を挙げながら、説明するとよい。

Step 3 互いにインタビューし合う

▶ 活動シート15-1「インタビューカード」を活用して、それぞれの項目ごとにインタビューをします。

▶ 活動シート15-1「インタビューカード」にメモを取りながらインタビューをします。

ヒント 教師は、インタビューの進捗状況を確認しながら、役割を交代するように指示する。
教師は、インタビューの様子を見ながら、児童に適切な支援を行う。

では、活動シート15-1「インタビューカード」に従って、隣の人と互いにインタビューをし合います。インタビューの交代は、５分ぐらいを目安に行いますので、合図があるまでインタビューを続けてください。

インタビューをして聞き取った内容は、後で友だちを紹介するための大切なものですから、簡単なメモを取りながら聞くようにしましょう。

まず最初に、黒板に向かって右側の人が、インタビューする人になります。始めましょう。
（５分ぐらいを目安に交代を指示する）

Step 4 友だちを紹介する内容をまとめる

▶ 教師は、活動シート15-2「友だちをしょうかいしよう」に、インタビューした内容をまとめるように指示します。

▶ 教師は、友だち紹介は、１人１分程度で行うことを伝えます。

これから、グループやクラスのみんなに、友だちを紹介する文章を書きます。活動シート15-1「インタビューカード」に書いたメモを見ながら、友だちのことをみんなにもっとよく知ってもらえるような文章を、活動シート15-2「友だちをしょうかいしよう」に書きましょう。インタビューをしていて、「すごいな」「よく頑張っているな」「なるほど」と感じたことを中心に、少しエピソードを交えて書いていくとよいでしょう。
では、始めてください。

ヒント 教師は、児童の様子を把握し、必要な支援を行う。

Step 5 グループで、友だちの紹介をする

▶教師は、あらかじめグループを作っておきます（4人か6人が望ましい）。

▶教師は、活動シート15-2「友だちをしょうかいしよう」をもとに、グループ内で紹介させます。

▶1人1分ずつ、ペアでグループに紹介します。

▶教師は、クラス全体に紹介するペアを数組決めます。

▶指名された児童は、全体に紹介します。

では、活動シート15-2「友だちをしょうかいしよう」を参考に、グループ内で友だち紹介をしましょう。紹介し合うペアは、立って、「○○君を紹介します」と言って、1分程度で紹介をします。終わったら拍手をしましょう。それから、交代をしましょう。
では、1組目のペアが立ち、紹介を始めてください。
（全員が紹介し終えたことを確認して）次に、2組目のペアは立ちましょう。
（すべてのペアが紹介し終えたことを確認して）では、代表でいくつかのペアに紹介してもらいます。

ヒント 教師は、全体発表ができなかったペアについては、朝の会など紹介し合う時間を設定するとよい。

③ まとめ

Step 6 本時の学習内容を振り返る

▶教師は、活動シート15-3「ふりかえりシート」に記入させた後、自分が紹介してもらった時の気持ちや考えたことについて、できるだけ多くの児童に発表させます。

▶教師は、児童の発表をまとめて、人それぞれの良さや頑張りを認め合うことが大切であることを確認します。

では、最後に活動シート15-3「ふりかえりシート」で今日の学習を振り返りましょう。（全員が記入し終えたことを確認して）ペアで互いにインタビューし合ったことで、今までは知らなかった友だちの頑張りや得意なことについて知ることができました。新たな発見や気付きがあったことでしょう。
これから4年生として、同じクラスで過ごす友だちです。友だちの良いところをいっぱい知って認め合い、一緒にいろんなことにチャレンジできるクラスにしていきましょう。

ヒント 教師は、児童の発表内容をまとめて板書しておくとよい。

6 家庭や地域と連携した活動

活動シート15-2「友だちをしょうかいしよう」を台紙に貼り付け、掲示物として活用したり、参観日等で児童の発表会を企画したりすることもよいでしょう。

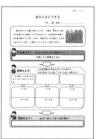

これに決めた
4年生②

—意志決定のステップについて知り、日常よくある出来事に
適用する—

ユニット 1 意志決定スキル育成

1 指導のねらい

・意志決定のステップを使うと良い決定ができることに気付くことができる

・より良い決定をする際のポイントを知り、意志決定をすることができる

> 3年生では、意志決定のステップ「考えよう」で複数の選択肢を挙げ、それぞれの選択肢を選んだ際に起こるであろう「よい点」「こまった点」について考えることを中心に学習しました。
>
> 本時では、1年生から3年生の学習を生かして、日常よくある出来事について、意志決定のステップを適用し、選択肢の「よい点」「こまった点」を考えた後、自分にとって最も良いと思われるものを、その理由を考えながら選ぶことができるようになるために、この題材を設定しました。

2 準備するもの

◎ 活動シート16-1：「あなたはどうする」

◎ 活動シート16-2：「ふりかえりシート」

◎ 児童用資料16-1：
　「よりよい意志決定をするためのポイント」

◎ 掲示用資料16-1：「意志決定のステップ」

活動シート16-1　　　　活動シート16-2

児童用資料16-1　　　　掲示用資料16-1

3 教育課程との関わり

特別活動　学級活動

110

4 指導過程（概略）

	活動のステップ	活動のポイント	準 備 物
導入	**Step 1** 「じゃんけんゲーム」をする **Step 2** 本時のねらいを確認する	①教師は、「じゃんけんゲーム」のルールを説明する ②教師は、決められた時間内でできるだけ多くの友だちとじゃんけんをするように伝える ③教師は、じゃんけんをする際、次に何を出すか自分自身で決めて行動したことに気付かせる ④教師は、本時は「意志決定のステップ」を使い、より良い決定をすることができるようになることを伝える	
展開	**Step 3** 意志決定のステップについて知る **Step 4** 活動シート16-1「あなたはどうする」の課題を確認し、選択肢を挙げる **Step 5** 選択肢の中から自分にとって最も良いものを選ぶ **Step 6** 一番良いと思う選択肢について理由を述べながら交流する	①教師は、よく考えて決めなければならないことに出会った時、「意志決定のステップ」を活用するとよいことを確認する ②教師は、意志決定の各ステップについて説明する ③教師は、活動シート16-1「あなたはどうする」の課題について、個人で考え記入するように指示する ④選択肢を3つ挙げ、それぞれの「よい点」「こまった点」について考え、記入する ⑤教師は、児童用資料16-1「よりよい意志決定をするためのポイント」を配付し、説明する ⑥自分にとって最も良いと思うものを選び、活動シート16-1「あなたはどうする」に記入する ⑦自分が決めた選択肢となぜそれに決めたかをグループ内で発表する ⑧教師は、数名の児童を指名して、全体へ発表させる	掲示用資料16-1「意志決定のステップ」 活動シート16-1「あなたはどうする」 児童用資料16-1「よりよい意志決定をするためのポイント」
まとめ	**Step 7** 本時の学習内容を振り返る	①活動シート16-2「ふりかえりシート」に記入する ②教師は、大事なことを決める時、「よりよい意志決定をするためのポイント」を参考に決定するとよいことを確認する	活動シート16-2「ふりかえりシート」

111

5 指導の実際

① 導　入

Step 1 「じゃんけんゲーム」をする

- ▶教師は、「じゃんけんゲーム」のルールを説明します。
- ▶教師は、決められた時間（２分間）の中で、できるだけ多くの友だちとじゃんけんをするように伝えます。

> これから「じゃんけんゲーム」をします。
> ルールの説明をします。初めに、友だちとペアになります。次に、あいこになるまでじゃんけんをします。あいこになったら握手をして「ありがとう」を伝えます。
> これを繰り返します。２分間で、できるだけ多くの友だちとじゃんけんをしましょう。

Step 2 本時のねらいを確認する

- ▶教師は、じゃんけんをする際、次に何を出すかを自分自身で決めて行動したことに気付かせます。
- ▶教師は、本時は「意志決定のステップ」を使い、より良い決定をすることができるようになることを伝えます。

> 先ほど、皆さんはじゃんけんゲームをしましたね。どうしたら早くあいこになるかを考え、次は「パー」にしようか「グー」にしようかといろいろ考えました。そしてあなたは、例えば「グー」を出すということを決め、そのように行動しました。
> このように、人は行動する時、どうするかを考え、決めているのです。このことを「意志決定」と言います。私たちは、毎日の生活の中で、たくさんの意志決定を行っているのです。
> 今日は、上手に意志決定をするために役立つ「意志決定のステップ」について学習します。

② 展　開

Step 3 意志決定のステップについて知る

- ▶教師は、よく考えて決めなければならないことに出会った時、「意志決定のステップ」を活用するとよいことを確認します。

 教師は、掲示用資料16-1「意志決定のステップ」を拡大して黒板に貼り付け、説明する。

何かを決める時に役立つ「意志決定のステップ」について、説明します。

まず、赤色「止まって！」です。「決めなければならないことは何か」について考えます。これは、「問題」に当たります。

次に、黄色「考えよう！」です。取れる行動をできるだけたくさん挙げます。その「問題」を解く方法は、1つではないですね。できるだけたくさんの方法を考えてみます。これを「選択肢」と言います。そして、それぞれの「選択肢」を選んだ時に、予測できる「よい点」と「こまった点」を考えてみます。これを実行したら、どんな結果になるかなと予想してみます。

最後に、青色「決めよう！」です。自分にとって一番良いと思うものを決めます。

この赤黄青の3つが「意志決定のステップ」です。

Step 4　活動シート16-1「あなたはどうする」の課題を確認し、選択肢を挙げる

▶教師は、活動シート16-1「あなたはどうする」の事例を読み上げ、事前に設定してある赤色「止まって！」の決めなければならないことは何かについて説明します。

▶教師は、選択肢欄の例を参考に、残りの2つの選択肢を個人で考えるように指示します。

▶教師は、3つの選択肢をそれぞれ選んだ時に起こるであろう「よい点」「こまった点」について、書くように指示します。

活動シート16-1「あなたはどうする」を見てください。まず、どんなことについて考えるかを読みますので、聞いてください。（事例を読み上げる）

今日は、このようなことが起こった時、あなたはどうするかについて考えます。先ほど学習した「意志決定のステップ」を使って考えます。

まず、赤色「止まって！」です。今日は、すでに決めてありますので、みんなで確認しましょう。（赤色「止まって！」に書かれている内容を読み上げ確認する）

ヒント　教師は、問題の内容について全員がイメージできるように、登場人物や出来事を整理して確認するとよい。

では、次に活動シート16-1「あなたはどうする」の黄色「考えよう！」についてです。ここからは、個人で考えて記入します。

まず、選択肢を挙げましょう。すでに選択肢の1つは書いてあります。あと2つ、どんな方法があるか考えて書きましょう。（全員が記入し終えたことを確認する。また支援の必要な児童に対して適切なアドバイスをする）

では、次にその選択肢を選んだ場合に、起こるかもしれない「よい点」と「こまった点」について考えます。特に「こまった点」についてしっかり考えるようにするとよいですね。（机間指導をする際、児童の考えをメモに取りながら、次の全体交流の意図的指名へと繋げる）

では、次に書いたことを交流します。（数名の児童に発表させる。いろいろな意見が出るように意図的に指名しながら板書する。その際、選択肢と「よい点」「こまった点」も発表させる）

Step 5 選択肢の中から自分にとって最も良いものを選ぶ

▶ 教師は、児童用資料16-1「よりよい意志決定をするためのポイント」を配付し、説明します。

▶ 3つの選択肢の中から児童用資料16-1「よりよい意志決定をするためのポイント」を参考にして、自分にとって最も良いと思う選択肢を1つ選び、青色「決めよう！」の欄に書きます。選んだ理由も書きます。

良い決定をするためには、ポイントがあります。児童用資料16-1「よりよい意志決定をするためのポイント」を見てください。3つ書いてありますね。
1つ目は、「自分が実行できることなのか」を考えることです。自分だけの力でやり切れるものを選びましょう。2つ目は、「自分や他の人に害を与えないか」です。その選択肢を実行した場合、自分や他の人の迷惑になったり、傷つけてしまったりすることがないかを考えることです。3つ目は、「自分にとって大切な人、家族や友だちなどをがっかりさせることはないか」を考えることです。
それぞれの選択肢の「よい点」「こまった点」やこの3つのポイントを一緒に考えて、人と比べるのではなく、自分にとって一番良いと思うものを選ぶことができるとよいですね。
では、今学習したことを参考に、活動シート16-1「あなたはどうする」の青色「決めよう！」の欄に、自分にとって最も良いと思うものを1つ選んで書きましょう。また、自分はなぜそれを選んだのか、理由も書いておきましょう。今、自分はどんな理由でその選択肢を選んだのかを明らかにしておくことは、次に何かを選ぶ時の参考になりますね。

Step 6 一番良いと思う選択肢について理由を述べながら交流する

▶ 教師は、決定した選択肢と、その理由をグループ内で交流し合うように指示します。

 交流するグループの人数は、4人程度が望ましい。

全員が決まったら、グループで紹介し合いましょう。なぜこの選択肢を選んだのか、理由も紹介しましょう。

▶ 教師は、グループ内での紹介が終わったことを確認して、数名の児童を指名して発表させます。

③ まとめ

Step
7　本時の学習内容を振り返る

▶教師は、活動シート16-2「ふりかえりシート」の1の項目には、当てはまるものに〇印を、2
　の項目には、今日の学習で分かったことや感想を書くように指示します。

▶教師は、数名の児童を指名し、分かったことや感想を発表させます。

> では、活動シート16-2「ふりかえりシート」の1を読み、当てはまる数字に〇印を、2
> に、今日の学習で分かったことや感想を書きましょう。
> （全員が記入し終えたことを確認して）難しいことを決めなければいけない時ほど、今日
> 学習した「よりよい意志決定をするためのポイント」が役に立つと思います。でも、いく
> ら考えても良い考えが出てこない時は、おうちの人や先生に相談するのもよいでしょう。
> きっと違った方法が見つかると思います。

6　家庭や地域と連携した活動

　教師は、学級内でトラブルが発生した場合の解決方法を考える際など、日常生活の中で意識的に意
志決定のステップを活用させるとよいでしょう。

友だちっていいな
──良い友だちのイメージを出し合い、良い友だちの要素について考える──

ユニット 1 セルフエスティーム形成スキル育成

1 指導のねらい

・良い友人関係の要素に気付くことができる

・自分がどんな友だちになりたいかを考える

　　4年生は、心身の発達に伴い活動が活発になるとともに、生活や遊びを共有できる仲間の存在が大きくなる時期です。しかし、友だちの気持ちを認め合ったり、尊重し合ったりする心の発達は不十分で、些細な出来事からトラブルになることも少なくないのがこの時期の特徴です。

　　こうした時期に、自分が求める友だち像と友だちが求める友だち像を知ることで、共通点や相違点を確認し、求められる友だち像と自分を比較して、日頃の行動を振り返る機会を持つことは大切なことです。

　　本時では、友だちのイメージを出し合うことで、それぞれが友だちとして求める要素に気付いたり、自分を振り返ったりするために、この題材を設定しました。

2 準備するもの

活動シート17-1：「友だちっていいな」

活動シート17-2：「ふりかえりシート」

掲示用資料17-1：
　「ブレインストーミングの進め方」

掲示用資料17-2：
　「どんな友だちになりたいかな」

・短冊

活動シート17-1

活動シート17-2

3 教育課程との関わり

特別活動　学級活動　特別の教科道徳
　（B. 主として人との関わりに関すること-（6））

掲示用資料17-1

掲示用資料17-2

4 指導過程（概略）

	活動のステップ	活動のポイント	準 備 物
導入	**Step 1** ブレインストーミングのやり方を確認する **Step 2** 本時のねらいを確認する	①教師は、ブレインストーミングの方法と留意点を説明する ②ブレインストーミングの練習をする ③教師は、本時は「良い友だち」について考えることを説明する	掲示用資料17-1「ブレインストーミングの進め方」短冊
展開	**Step 3** 「良い友だち」とはどんな友だちかを挙げる **Step 4** 活動シート17-1「友だちっていいな」1に記入する **Step 5** グループ内で話し合う **Step 6** 活動シート17-1「友だちっていいな」2に、どんな友だちになりたいかを記入し、発表する	①自分が持つ「良い友だち」のイメージを具体的に挙げる ②教師は、ブレインストーミングの留意点について再度確認する ③「良い友だち」とはどんな友だちかについてブレインストーミングをする ④活動シート17-1「友だちっていいな」1に、ブレインストーミングで出た意見も参考にしながら3つ選んで書く ⑤グループ内で理由とともに発表する ⑥共通点と相違点を意識しながらグループ内で意見交流をする ⑦教師は、掲示用資料17-2「どんな友だちになりたいかな」をもとに、日常を振り返らせる ⑧活動シート17-1「友だちっていいな」2に、これから自分はどんな友だちになりたいかについて記入する ⑨教師は、できるだけ多くの児童に発表させる	活動シート17-1「友だちっていいな」 掲示用資料17-2「どんな友だちになりたいかな」
まとめ	**Step 7** 本時の学習内容を振り返る	①活動シート17-2「ふりかえりシート」に記入した後、感想や意見を発表する	活動シート17-2「ふりかえりシート」

5 指導の実際

① 導 入

Step 1 ブレインストーミングのやり方を確認する

▶教師は、掲示用資料17-1「ブレインストーミングの進め方」を黒板に掲示し、ブレインストーミングのやり方や留意点について説明します。

ヒント 教師は、ブレインストーミングをするために、事前に4人程度のグループを作っておく。

> これからブレインストーミングをします。ブレインストーミングとは、話し合いの1つの方法です。目的は、グループで協力してたくさんのアイデアを出し合うことです。
> まず、司会者を決めます。司会者の役割は、出されたアイデアが、すでに出たものでないことを確認することです。全く同じもの以外はすべて認めるようにします。もちろん司会者も意見を出しても構いません。
> 次に、進め方について説明します。最初に、短冊を1人5枚程度用意します。アイデアを思いついたら手を挙げます。司会者に当てられたら、声に出してアイデアを言います。司会者に「OK」と言われたら、自分で短冊にそのアイデアを書きます。アイデアを書いた短冊は、みんなが見えるように机の中央に置いておきましょう。これを繰り返します。
> 次に、ブレインストーミングの3つのルールについて言います。1つ目は、批判厳禁。出されたアイデアは全部認めます。反対をしてはいけません。2つ目は、質より量。良いアイデアを出そうと思わないで、できるだけたくさんのアイデアを出します。3つ目は便乗OK。友だちの意見を聞き、それに付け加える形で新しいアイデアを出すのもよいでしょう。
> では、早速やってみましょう。
> まず司会者を決めましょう。（グループごとに司会者が決まったことを確認して）次に、話し合うテーマは、「○○小学校の良いところ」です。話し合う時間は、1分間です。短冊を用意してください。では始めましょう。

ヒント 教師は、タイマー等で時間を確認し、「始め」と「終わり」の合図を行う。

▶教師は、グループごとに意見を書いた短冊の枚数を数えて発表させます。短冊の数が一番多かったグループに、拍手で称賛するよう促します。

Step 2 本時のねらいを確認する

▶教師は、本時は「良い友だち」について考えることを説明します。

これから、「良い友だち」とはどんな友だちなのかを話し合います。皆さんは、「良い友だち」とはどんなイメージを持っていますか。みんな同じ考えなのでしょうか。
意見を出し合って、みんなが納得できる「良い友だち」について考えてみましょう。

②展　開

Step 3 「良い友だち」とはどんな友だちかを挙げる

▶教師は、短冊を各グループに配ります。

▶教師は、ブレインストーミングの留意点について、再度確認します。

▶自分が考える「良い友だち」のイメージについてブレインストーミングをします。

ブレインストーミングのテーマは「良い友だちとはどんな友だちか」です。「良い友だち」について、それぞれのイメージしている事柄があると思います。できるだけたくさん挙げ、司会者から「ＯＫ」と言われたら短冊に記入しましょう。時間は３分間です。では、始めましょう。

Step 4 活動シート17-1「友だちっていいな」1に記入する

▶Step 3 で出された意見を参考に、「良い友だち」として大切だと思うことを３つ、活動シート17-1「友だちっていいな」の1に書きます。

ヒント 教師は、短冊をよく見える位置に並べ、短冊に書かれた意見のうち、自分にとって良いと思うものを選んで書くように伝える。

ブレインストーミングで出た意見を参考に「良い友だち」として大切だと思うことを３つ、活動シート17-1「友だちっていいな」の1に書きましょう。

Step 5 グループ内で話し合う

▶グループ内で理由とともに発表します。

▶教師は、共通点と相違点を意識しながらグループ内で意見交流をするように指示をします。

「良い友だち」として大切だと思うことが３つ書けましたね。では、グループ内で発表しましょう。発表の際、選んだ理由を簡単に説明するとよいでしょう。聞く人は、友だちの意見をメモしながら聞きましょう。

（全員が発表し終えたことを確認して）では次に、質問タイムです。自分と違う意見の友だちにどうしてそう思うのか、理由を尋ねてみましょう。しっかり話し合って、友だちとの共通点を見つけましょう。そして「良い友だち」とはどんな友だちなのかをしっかりと考えましょう。

Step 6 活動シート17-1「友だちっていいな」２に、どんな友だちになりたいかを記入し、発表する

▶教師は、「良い友だち」について、自分と友だちでは大切だと思うことに違いがあることに気付かせます。

▶教師は、掲示用資料17-2「どんな友だちになりたいかな」をもとに、日常を振り返らせます。

▶グループで紹介し合った後、これから自分はどんな友だちになりたいかについて、活動シート17-1「友だちっていいな」の２に書きます。

▶教師は、活動シート17-1「友だちっていいな」の２に書かせて発表させ、その内容を整理して板書し、確認します。

グループ内で話し合って、「良い友だち」とはどんな友だちかが分かりましたね。「良い友だち」の要素は、似ているものや違っているものがありました。あなたはどんな友だちになりたいですか。これからどんな友だちになりたいかを考えてみましょう。黒板を見てください。（掲示用資料17-2「どんな友だちになりたいかな」を貼って、読み上げる）

では、活動シート17-1「友だちっていいな」の２に書いてみましょう。

（全員が記入し終えたことを確認して）では、何人かに発表してもらいます。

 教師は、児童の発表内容をまとめて板書しておくとよい。

③ まとめ

Step 7 本時の学習内容を振り返る

▶教師は、活動シート17-2「ふりかえりシート」に記入させた後、感想や意見を発表させます。

活動シート17-2「ふりかえりシート」に、今日の学習を振り返り、記入しましょう。（児童が記入し終えたことを確認する）

では、感想や意見を発表しましょう。（数名の児童を指名して発表させる）

皆さんは、友だちとして大切な事柄をたくさん見つけましたね。そして、人それぞれ、違っていたことにも気付きました。さらに、自分はこれからどんな友だちになりたいかを考えることができました。（板書をもとに紹介する。例えば、「友だちの話をよく聞く」「頼りがいがある」「約束を守る」等）

これからも、互いに良い友だちでありたいですね。

6 家庭や地域と連携した活動

「良い友だちとは」について、家族の意見を聞いてくる活動を取り入れると、さらに効果的です。

不安やなやみの原いんを知ろう
——自分の不安や悩みの原因について知るとともに、感じ方の違いに気付く——

ユニット **1** ストレス対処スキル育成

1 指導のねらい

・不安や悩みの原因になる出来事には個人差があることに気付くことができる

・不安や悩みを解決するための方法を知る

　4年生は、心身の成長が著しい時期です。身体機能や精神の発達に伴い、友人関係が広がり、その重要性が増すのもこの時期の特徴です。反面、友人関係における不安や悩みが多くなり、それらを適切に対処する力の未熟さから、トラブルの原因となることが多いのもこの時期です。

　このような時期に、人によって、同じ出来事であっても感じ方が違うことを知ることは、互いを理解し、尊重することに繋がります。また自分の不安や悩みの原因になりやすい出来事に気付くことは、それらに適切に対処する力、すなわちストレス対処スキル形成の基礎となります。

　本時では、自分たちの生活の中において不安や悩みの原因になりやすい出来事に気付くとともに、人によって不安や悩みに対する感じ方には違いがあることを理解するために、この題材を設定しました。

2 準備するもの

(◉) 活動シート18-1：「不安やなやみの原いん」

(◉) 活動シート18-2：「出来事カード」

(◉) 活動シート18-3：「ふりかえりシート」

(◉) 児童用資料18-1：

　　「不安やなやみをかい決するために」

・はさみ

・のり

活動シート18-1

活動シート18-2

3 教育課程との関わり

特別活動　学級活動

活動シート18-3

児童用資料18-1

4 指導過程（概略）

	活動のステップ	活動のポイント	準 備 物
導入	**Step 1** 「じゃんけんポイ・ポイ」ゲームをする **Step 2** 本時のねらいを確認する	①教師は、「じゃんけんポイ・ポイ」ゲームのルールについて説明する ②教師とじゃんけんをする ③教師は、本時は不安や悩みの原因について学習することを確認する	
展開	**Step 3** 活動シート18-1「不安やなやみの原いん」に、出来事カードを貼る **Step 4** グループで、活動シート18-1「不安やなやみの原いん」を見て、同じところや違うところを確認し、話し合う **Step 5** 違いが大きかった1つの項目について話し合った内容をまとめて発表する	①教師は、活動シート18-2「出来事カード」の内容と作業手順を確認する ②活動シート18-2「出来事カード」を切り離し、自分にとって「良いこと」と、「イライラ、いやだ」と感じることに分けて重ねる ③活動シート18-1「不安やなやみの原いん」に、「出来事カード」を順番に貼る ④教師は、それぞれの項目を読み上げ、自分にとって「良いこと」と、「イライラ、いやだ」と感じることのどちらに分けたか、挙手で確認する ⑤教師は、出来事カードの項目が、活動シート18-1「不安やなやみの原いん」のどの位置に貼り付けられているかを確認するように指示する ⑥グループ内で、貼り付ける位置の違いが大きい項目を1つ見つけて、それぞれの思いや気持ちを交流する ⑦話し合った内容を発表する ⑧同じ出来事でも、それぞれ感じ方が違っていることを確認する	活動シート18-1「不安やなやみの原いん」 活動シート18-2「出来事カード」 はさみ のり
まとめ	**Step 6** 本時の学習内容を振り返る	①活動シート18-3「ふりかえりシート」を記入する ②教師は、児童用資料18-1「不安やなやみをかい決するために」について紹介する	活動シート18-3「ふりかえりシート」 児童用資料18-1「不安やなやみをかい決するために」

123

5 指導の実際

① 導　入

Step 1 「じゃんけんポイ・ポイ」ゲームをする

▶教師は、「じゃんけんポイ・ポイ」ゲームのルールについて説明します。

▶教師は、教師が出したじゃんけんを見て、それに勝てるように「ポイ」と言いながら「グー」「チョキ」「パー」のどれかを出すように指示します。

▶みんなで「じゃんけんポイ」「ポイ」と声を出しながらじゃんけんをします。これを2～3回繰り返します。

▶教師は、教師が出したじゃんけんを見て、それに負けるように「ポイ」と言いながら「グー」「チョキ」「パー」のどれかを出すように指示します。これを2～3回繰り返します。

▶教師は、勝つことよりも負けることを体験することで、イライラした気持ちになりやすいことを確認します。

> 「じゃんけんポイ・ポイ」ゲームをしましょう。先生対皆さんでじゃんけんをします。
> 先に先生が「じゃんけんポイ」で「グー」「チョキ」「パー」のどれかを出します。先生が出したじゃんけんを見て、皆さんは「ポイ」と言いながら先生の出すじゃんけんに勝ってください。始めましょう。「最初はグー、じゃんけんポイ」「ポイ」（これを2～3回繰り返す）
> 次は、先生の出すじゃんけんに負けてください。始めます。「最初はグー、じゃんけんポイ」「ポイ」（これを2～3回繰り返す）
> 負けるということは、勝つことより難しいですね。思い通りにいかないことでイライラした人もいることでしょう。

ヒント 負けるのが難しいじゃんけんゲームで、児童にイライラした気持ちを体験させるためのゲームであるため、最後の1人を決めるのではなく、数回繰り返す程度でよい。

Step 2 本時のねらいを確認する

▶教師は、本時は不安や悩みの原因について学習することを確認します。

> 皆さんの周りでは、毎日いろんな出来事が起こります。その時、うれしいと感じたり、くやしい、腹が立つと感じたりすることもあると思います。
> 今日は、不安や悩みの原因について、考えていきましょう。

② 展　開

Step 3　活動シート18-1「不安やなやみの原いん」に、出来事カードを貼る

▶教師は、活動シート18-2「出来事カード」を配付し、内容と作業手順を確認します。

▶教師は、活動シート18-2「出来事カード」を切り離し、カードの内容が自分にとって「良いこと」と、「イライラ、いやだ」と感じることの2つに分けて重ねるように指示します。

ヒント　教師は、あらかじめ、活動シート18-2「出来事カード」を切り離しておくと、活動をスムーズに行うことができる。また、オンラインホワイトボード等の活用も有効である。

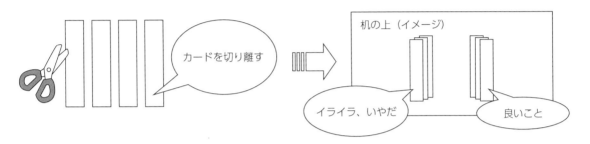

では、出来事カードを見てください。10枚のカードが印刷してありますね。内容を少し見てみましょう。カードには、皆さんにとってよくある出来事が書いてあります。例えば「家でお手伝いをする」ということは、皆さんにとってどんな気持ちになる出来事でしょうか。楽しい、ワクワクするなど「良いこと」と感じる人もいれば、「イライラ、いやだ」と感じる人もいるかもしれません。カードに書かれた内容によって、いろんな気持ちになると思います。このように、1枚ずつのカードについて、どんな気持ちになる出来事かを考えていきます。
これから皆さんがすることを説明します。
最初に、10枚のカードを、はさみを使って切り離します。次に、10枚のカードのうち「良いこと」と感じるカードを机の右側に重ねます。「イライラ、いやだ」と感じるカードを机の左側に重ねておきましょう。そこまでできたら、次の説明があるまで待っていてください。では、始めましょう。

▶活動シート18-1「不安やなやみの原いん」に、「出来事カード」を順番に貼り、完成させます。

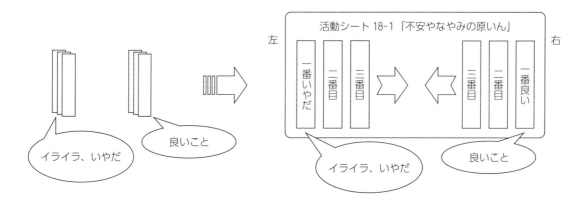

▶教師は、貼り付け作業が終了した後、10枚のカードを読み上げ、「良いこと」「イライラ、いやだ」のどちらに分類しているか挙手をさせ、全員で確認します。

ヒント 教師は、クラスの大まかな傾向を児童に確認させる。
教師は、両端から順に番号を振らせて、各自の傾向を確認させるとよい。

「良いこと」と感じる出来事と「イライラ、いやだ」と感じる出来事の2つのカードの束が机の上にありますね。これを活動シート18-1「不安やなやみの原いん」に貼り付けていきます。まず、皆さんが「良いこと」と感じた束の中から、「一番良いこと」と思うものを1枚選んでください。そのカードを活動シート18-1「不安やなやみの原いん」の右端に貼り付けます。次に、残ったカードの中から「二番目に良いこと」と思うものを、その左隣に貼り付けます。その後は、三番目、四番目……となくなるまで貼り付けてください。（全員が貼り付けたことを確認する）
次に、「イライラ、いやだ」と感じる束です。「一番イライラ、いやだ」と感じるカードを選び、活動シート18-1「不安やなやみの原いん」の左端に貼り付けます。二番目、三番目とカードを選び、貼り付けていき、完成させましょう。では始めてください。（すべての作業が終了したことを確認する）
それでは、1枚ずつ、皆さんがどこに貼っているかを確認していきましょう。まず、「友だちとけんかをする」のカードを「良いこと」の方に貼り付けている人、手を挙げてください。下ろしましょう。次に「イライラ、いやだ」の方に貼り付けている人、手を挙げてください。下ろしましょう。（これを繰り返す）

Step 4 グループで、活動シート18-1「不安やなやみの原いん」を見て、同じところや違うところを確認し、話し合う

ヒント 教師は、あらかじめ3〜4人のグループを作っておく。

▶教師は、活動シート18-1「不安やなやみの原いん」をもとに、グループで紹介し合うことを説明します。

▶教師は、出来事カードの項目ごとに、活動シート18-1「不安やなやみの原いん」のどの位置に貼り付けられているかを見て確認し、特に、貼り付ける位置の違いが大きい項目1つを見つけてそれぞれの思いや気持ちを交流するように指示します。

これから、グループで先ほど作った活動シート18-1「不安やなやみの原いん」を紹介し合いましょう。まずは、グループの皆さんがよく見えるよう活動シート18-1「不安やなやみの原いん」を中央に置き、それぞれ見ながら説明します。次に、貼り付ける位置の違いが大きいカード1枚を見つけてください。その1枚のカードについて、詳しく話し合っていきます。なぜその位置に貼り付けたのか、自分の考えも伝えてください。
話し合いの後に、リーダーには、大きく違った項目1つと、どのような意見が出たかを発表してもらいます。では、始めましょう。

 Step 5 違いが大きかった1つの項目について話し合った内容をまとめて発表する

▶教師は、違いが大きかった1つの項目と話し合った内容を発表させます。

▶同じ出来事でも、それぞれ感じ方が違っていることを確認します。

グループで、貼り付ける位置が大きく違ったカード1枚の内容と、どのようなことが話し合われたかを紹介してください。（グループごとに、発表させる）
学校生活や家でよくある出来事が、「良いこと」と感じる人もいれば、「イライラ、いやだ」と感じる人もいましたね。1つの出来事でも、人それぞれ感じ方が違うことが分かりました。こうした「イライラ、いやだ」と感じる出来事が、不安や悩みの原因となることが多いのです。

③ まとめ

Step 6 本時の学習内容を振り返る

ヒント 教師は、活動シート18-3「ふりかえりシート」を配付する。

▶活動シート18-3「ふりかえりシート」に記入します。

▶教師は、児童用資料18-1「不安やなやみをかい決するために」を紹介します。

今日の学習を振り返って、活動シート18-3「ふりかえりシート」に記入してください。
（全員が記入し終えたことを確認する）
今日の学習で、自分が「不安や悩み」を感じやすい出来事を知ることができましたね。そしてまた、人それぞれ感じ方が違っていたということも分かりました。
もし、皆さんが「不安や悩み」を感じる出来事に出会った時に、役立つ方法を紹介した資料を配ります。
4つの方法を紹介します。
1つ目は、問題をそのままにせず、自分の考えを相手に伝えてみましょう。
2つ目は、信頼できる人に相談してみましょう。自分が思いもよらなかった解決方法が見つかることもありますよ。
3つ目は、ゆっくりリラックスできる時間を作りましょう。
4つ目は、運動をしたり、自分が好きなことをやったりして気分転換をすることもよいことでしょう。
参考にしてくださいね。

6 家庭や地域と連携した活動

　活動シート18-1「不安やなやみの原いん」を家庭に持ち帰り、それぞれの出来事についてどのような気持ちになるかを家族で話し合います。家族の中でも、感じ方がそれぞれ異なっていることに気付く機会にします。

　また、児童用資料18-1「不安やなやみをかい決するために」を参考に、ストレスの対処法についても話し合うことは大切なことです。

自分の気持ちを伝えよう
——自分の気持ちを上手に伝えることは、問題を解決する効果的な方法の1つであることを知る——

ユニット 1 コミュニケーションスキル育成

1 指導のねらい

・トラブルが生じた時、自己主張コミュニケーションが効果的であることに気付くことができる

・自己主張コミュニケーションの仕方を確認する

> 　4年生は、友人関係の広がりや深まりが増してくる時期です。また、友人関係において、自分の気持ちを上手に伝えることができず、様々なトラブルが生じることが多いのもこの時期の特徴です。このことから、好ましい友人関係を保つために、相手の気持ちを大切にしながら、自分の思いや気持ちを上手に伝えることができるコミュニケーション（自己主張コミュニケーションスキル）を身に付けることが大切です。これは不安や悩みを解決するための1つの方法でもあります。
>
> 　本時では、普段の生活の中において不安や悩みの原因になりやすい出来事に出会った際、自己主張コミュニケーションスキルを適用することができるようにするために、この題材を設定しました。

2 準備するもの

🔘 活動シート19-1：「こんな時どう言う」

🔘 活動シート19-2：「ふりかえりシート」

🔘 児童用資料19-1：「伝え方の3つのタイプ」

🔘 掲示用資料19-1：「ロールプレイングの進め方」

🔘 役割カード：「A君」「B君」（各1枚をグループ分）

・リボン

活動シート19-1　　活動シート19-2

役割カード

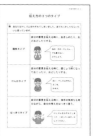

児童用資料19-1

掲示用資料19-1

3 教育課程との関わり

特別活動　学級活動

4 指導過程（概略）

	活動のステップ	活動のポイント	準 備 物
導入	**Step 1** 「好きな果物選び」ゲームをする	①教師は、「好きな果物選び」ゲームのルールについて説明し、ゲームを実施する	
	Step 2 本時のねらいを確認する	②教師は、本時は友人関係において、不安や悩みが生じた際、それを解決するためには、どのようなコミュニケーションが効果的であるかを考えることを伝える	
展開	**Step 3** 活動シート19-1「こんな時どう言う」1に記入する	①教師は、活動シート19-1「こんな時どう言う」1の問題を読み、どのように言うかを記入させる	活動シート19-1「こんな時どう言う」
	Step 4 コミュニケーションの3つのタイプについて知る	②教師は、児童用資料19-1「伝え方の3つのタイプ」について説明する ③教師は、不安や悩みを解決するためには、はっきりタイプで伝えることが効果的であることを説明する	児童用資料19-1「伝え方の3つのタイプ」
	Step 5 活動シート19-1「こんな時どう言う」2に、はっきりタイプになるよう再考し記入する	④活動シート19-1「こんな時どう言う」2に、はっきりタイプの伝え方になるように言葉を再度考え記入する ⑤教師は、表情や身振りについても書くように指示する	
	Step 6 グループでロールプレイングをする	⑥教師は、ロールプレイングの進め方について説明する ⑦教師は、グループでA君とB君、観察役を決めてロールプレイングをするよう説明する ⑧教師は、観察役は、活動シート19-1「こんな時どう言う」3に、A君役の言葉や表情、身振りについて記入しながら見るように伝える ⑨1人が終わるごとに観察役は気付きを伝える	掲示用資料19-1「ロールプレイングの進め方」 役割カード「A君」「B君」
まとめ	**Step 7** 本時の学習内容を振り返る	①活動シート19-2「ふりかえりシート」に記入する ②教師は、不安や悩みを解決するためには、はっきりタイプで伝えることが効果的であることを確認する	活動シート19-2「ふりかえりシート」

5 指導の実際

① 導 入

Step 1 「好きな果物選び」ゲームをする

▶教師は、「好きな果物選び」ゲームのルールについて説明します。

ヒント ゲームの内容は、果物、季節、遊びなど、適宜変更してもよい。

▶教師は、気持ちや考えを伝えるには、言葉を使わない「ボディーランゲージ」も効果的であることを確認します。

> これから「好きな果物選び」のゲームをします。このゲームは、声を出さないで行うゲームです。イチゴ、バナナ、ブドウ、リンゴの4つの果物の中から、好きな果物1つを声に出さず選んでください。決まりましたね。
> 次に、席を立って、自分と同じ果物を選んだ友だちを探し、4つのグループを作ってください。声を出さないで集まってください。では始めましょう。(それぞれのグループがどの果物を選び、どのように集まったかを紹介させる。声を出さずに集まることができたことを互いに称賛させ、席に着かせる)
> 皆さんは、普段は言葉を使って、自分の気持ちや考えを伝えています。でも、言葉を使わなくても伝えることができることを体験しました。このように、表情や身振りだけで伝えることを、ボディーランゲージと言います。ボディーランゲージは、人とコミュニケーションを取る時、言葉と同じくらい大切です。

Step 2 本時のねらいを確認する

▶教師は、本時は友人関係において、不安や悩みが生じた際、それを解決するためには、どのようなコミュニケーションが効果的であるかを考えることを伝えます。

> 今日は、友だちとの間で、ちょっと困ったな、トラブルになるのではないかと不安になるような出来事が起こった時、それを解決するために、自分の気持ちをどのように伝えるとよいかについて、考えていきます。

② 展 開

Step 3 活動シート19-1 「こんな時どう言う」1に記入する

▶活動シート19-1 「こんな時どう言う」の1の事例を読み、相手にどのように伝えるか、自分の

考えを記入します。

活動シート19-1「こんな時どう言う」の問題をまず読みますので聞いてください。（問題文を内容がイメージできるように読み上げる）
A君は、B君から川に遊びに行こうと誘われました。A君は、行きたくありません。しかし、A君にとってB君は、いつも仲良く遊んでいる大切な友だちです。B君を傷つけたくありません。
さあ、皆さんがA君だったら、B君にどう言いますか。活動シート19-1「こんな時どう言う」の1に、書いてみましょう。（全員が記入し終えたことを確認する）

Step 4 コミュニケーションの3つのタイプについて知る

▶教師は、児童用資料19-1「伝え方の3つのタイプ」について説明します。
▶教師は、不安や悩みを解決するためには、はっきりタイプで伝えることが効果的であることを説明します。

児童用資料19-1「伝え方の3つのタイプ」を見てください。自分以外の人に、自分の気持ちや考えを伝える方法のことを、コミュニケーションと言いますね。このコミュニケーションには、いろいろな方法があります。例えば、言葉を使って話す、書いて文字で伝える、先ほどゲームで行ったボディーランゲージもその1つなのです。
次に、コミュニケーションの3つのタイプについて説明します。
まず、1つ目のタイプは「弱気タイプ」です。ドラえもんの漫画に出てくる「のび太君」のような話し方です。「うーん」「でも」など、おどおどして自信なさげに見えますね。
次に、「けんかタイプ」です。「ジャイアン」のような話し方です。怒ったり、脅したり、どこかこわいと感じさせてしまいます。
3つ目のタイプは、「はっきりタイプ」です。「しずかちゃん」の話し方です。相手の気持ちも考えながら、しっかりと自分の考えを伝える話し方です。
どのタイプが、相手に気持ちを上手に伝えることができると思いますか。（児童に考えさせ、挙手や指名で発表させる）そうですね。「はっきりタイプ」ですね。相手の気持ちも考えながら、自分の考えを伝えることが大切ですよね。

ヒント 児童用資料19-1「伝え方の3つのタイプ」を説明する際、教師が演じて説明するなどの工夫があると効果的である。
（例）消しゴムを忘れてしまい、貸してほしいと友だちに頼む場面を想定して、
弱気タイプ：「あの…消しゴム…貸してほしいけど……。」
けんかタイプ：「おい、消しゴム貸せよ。」
はっきりタイプ：「消しゴムを忘れてしまって困っているの。貸してください。」

^{Step}5 活動シート19-1「こんな時どう言う」2に、はっきりタイプになるよう再考し記入する

▶教師は、活動シート19-1「こんな時どう言う」の2に、はっきりタイプの伝え方になるように言葉を再度考え記入させます。

▶教師は、表情や身振りなどのボディーランゲージについても書くように指示します。

先ほど説明したコミュニケーションの3つのタイプを参考にして、活動シート19-1「こんな時どう言う」の1の話し方で良かったかどうか、もう一度考えてみましょう。
「はっきりタイプ」で自分の気持ちを伝えるには、どのように言えばよいでしょうか。相手の気持ちも考えながら、自分の気持ちをはっきり伝える言い方になるように考えて、直しましょう。
（全員が記入し終えたことを確認して）次の欄に、その言葉を言う時の表情や身振りなどのボディーランゲージについても考えて書いてみましょう。

^{Step}6 グループでロールプレイングをする

> **ヒント** 教師は、あらかじめ4人程度のグループを作っておく。

▶教師は、掲示用資料19-1「ロールプレイングの進め方」を示しながら、説明をします。

> **ヒント** 教師は、掲示用資料19-1「ロールプレイングの進め方」を事前に拡大するなど、準備をしておくとよい。

役割カード（例）

首からかけることができる長めのリボン

ロールプレイングの進め方について、説明します。
このロールプレイングの目的は、トラブルになりそうな時に、相手に嫌な思いをさせないで自分の気持ちをうまく伝えられるようになることです。
まず初めに、「A君」の役と「B君」の役を決めます。その他の人は観察者です。
「A君」「B君」役の人は、役割カードを付けます。
「B君」役は、「川で遊ぼうよ」という「せりふ」を読みます。
「A君」役は、自分の考えた言葉と表情や身振りなどのボディーランゲージを使って、自分の気持ちを伝えます。
観察者は、この演技を見て、活動シート19-1「こんな時どう言う」の3に記入します。

観察者は、演技ごとに良かったことや気付いたことを伝えます。

演技の始めと終わりは、先生の合図で行います。

では、「A君」役と「B君」役の人は、役割カードを付けましょう。（始めと終わりの合図をする。全員が終わるまで繰り返す）

 教師は、グループの進行状況を見ながら、「始め」「終わり」の合図を出す。
演技後の感想の伝え合いの状況を見ながら、次の演技の合図をするようにする。

③ まとめ

Step 7 本時の学習内容を振り返る

▶ 活動シート19-2「ふりかえりシート」に、学習の振り返りを記入します。

▶ 教師は、不安や悩みを解決するためには、「はっきりタイプ」で自分の気持ちを伝えることが効果的であることを確認します。

活動シート19-2「ふりかえりシート」に、学習の振り返りを記入しましょう。

（全員が記入し終えたことを確認して）皆さんに、ロールプレイングで、考えた「せりふ」を表情や身振りなどのボディーランゲージを使って実際に演じてもらいました。友だちの演技を見て、こんな答え方があるなと感じた人もいるでしょう。

友だちとトラブルになりそうな時は、相手の気持ちをしっかり考えてから、自分の気持ちを「はっきりタイプ」で伝えることで、相手に自分の考えが伝わって、良い解決になることでしょう。

6 家庭や地域と連携した活動

児童用資料19-1「伝え方の3つのタイプ」を家庭に持ち帰り、家族それぞれがどんなタイプのコミュニケーションを行っているか、一緒に考えてもらう機会とします。

ユニット

2

こまったな。どうしよう
——自分にとって良いと思う方法を選んで決める——

ユニット **2** いじめ未然防止

1 指導のねらい

・複数の選択肢の中から、その結果を考えて、自分にとってより良いものを1つ選ぶことができる
・すべての行動は、自分が決めて行っていることに気付くことができる

> 　人は、すべての行動に、意識するかしないかは別として、自分の意志で行動しています。すべての行動には意図があり、自分が選択したものです。
> 　しかし、学童期のこの時期は、自己の確立が未熟で、親など他人への依存性が高く、影響を受けやすいと考えられます。こうした時期から、できるだけ多くの選択肢の中から、結果を予測して自分にとってより良いと思われるものを選び、その結果に責任を持つという意志決定スキルの基礎を培うことは、大変重要であると考えられます。
> 　本時は、友だちから困ったことをされた時、意志決定スキルを使って、いろいろな対応方法の中から結果を予測して考え、決める体験をさせるために、この題材を設定しました。

2 準備するもの

（☺）活動シート20-1：「こまったな。どうしよう」
（☺）活動シート20-2：「ふりかえりシート」
・掲示用資料20-1：「どっちをえらぶ」
　（活動シート5-1を拡大したもの）
・掲示用資料20-2：「こまったな。どうしよう」
　（活動シート20-1の事例の部分を拡大したもの）

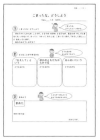

活動シート20-1

活動シート20-2

3 教育課程との関わり

特別活動　学級活動

4 指導過程（概略）

	活動のステップ	活動のポイント	準 備 物
導入	**Step 1** 前次の振り返りをする **Step 2** 本時のねらいを確認する	①教師は、「どっちをえらぶ」の学習で、何かを選ぶ時に、たくさんの選択肢の中から理由を考えて、自分にとってより良いものを選ぶ練習をしたことを想起させる ②教師は、本時は友だちに困ったことをされた時、どうすればよいかを考える練習をすることを伝える	掲示用資料20-1「どっちをえらぶ」（活動シート5-1の事例部分を拡大したもの）
展開	**Step 3** 活動シート20-1「こまったな。どうしよう」1の事例について考える **Step 4** 活動シート20-1「こまったな。どうしよう」2について考える **Step 5** 活動シート20-1「こまったな。どうしよう」3について考える **Step 6** 何を選んだかとなぜそれを選んだかについて発表する	①教師は、活動シート20-1「こまったな。どうしよう」1の事例を読み、自分だったらどうするのかを考えさせる ②教師は、数名の児童を指名し、発表させ、整理して板書する ③活動シート20-1「こまったな。どうしよう」2に、それぞれの結果を考えて書く ④教師は、数名の児童を指名し、発表させ、整理して板書する ⑤活動シート20-1「こまったな。どうしよう」3に考えた方法とその理由を書く ⑥選んだ選択肢と理由を発表する	掲示用資料20-2「こまったな。どうしよう」（活動シート20-1の事例の部分を拡大したもの） 活動シート20-1「こまったな。どうしよう」
まとめ	**Step 7** 本時の学習内容を振り返る	①活動シート20-2「ふりかえりシート」に記入する ②教師は、友だちから困ったことをされた時、たくさんの選択肢の中から、その結果を考えて、自分にとってより良いものを選ぶことが大切であることを確認する	活動シート20-2「ふりかえりシート」

5 指導の実際

①導 入

前次の振り返りをする

▶教師は、掲示用資料20-1「どっちをえらぶ」を提示しながら、ユニット1で学んだことを想起させます（42頁〜参照）。

> 前の時間には、「どっちをえらぶ」の学習をしました。好きな動物を3つの中から選んだり、休み時間の遊びを自分で決めたりしましたね。私たちは、生活の中で、自分のすることを自分で決めているということを学習しました。さらに、いくつかの方法（選択肢）の中から、しっかり理由を考えて、自分にとってより良いものを選ぶという練習をしてきました。

Step 2 本時のねらいを確認する

▶教師は、本時は友だちに困ったことをされた時に、どうすればよいかを考える練習をすることを確認します。

> 生活の中で、もし友だちに困ったことをされた時には、どうしたらよいでしょう。やめてほしいですね。どうしたら自分の気持ちが伝わって、やめてもらえるでしょうか。方法は1つだけではなく、いろいろあるかもしれません。その中から自分がより良い方法を選ぶことができたらよいですね。
> 今日は、困ったことをされた時にどうしたらよいか、いろいろな方法の中から自分が決めるという練習をします。

②展 開

Step 3 活動シート20-1「こまったな。どうしよう」1の事例について考える

▶教師は、掲示用資料20-2「こまったな。どうしよう」を提示して事例を説明します。

ヒント 教師は、児童が場面設定をイメージしやすいように、写真や絵を示すなど工夫するとよい。

▶教師は、数名の児童を指名し、発表させ、整理して板書します。

ヒント 活動シート20-1「こまったな。どうしよう」の2にある3つの方法を中心にまとめるとよい。

休憩時間のことです。隣の席の友だちが、あなたの消しゴムを何も言わないで、勝手に使って困っています。あなたは「返してほしい」と思っています。
あなたはどうしますか。考えてみましょう。
（少し考える時間をおいて）では、発表してください。

Step 4 活動シート20-1「こまったな。どうしよう」2について考える

▶ 教師は、活動シート20-1「こまったな。どうしよう」を配付します。

▶ 教師は、活動シート20-1「こまったな。どうしよう」の2に示されている対応方法について確認し、それぞれの結果を予測して書くように指示します。

▶ 教師は、数名の児童を指名し、発表させ、整理して板書します。

友だちに、勝手に消しゴムを使われて困った時にどうするかは、「『返して』と言う」や、「他の友だちから借りる」や「先生に言う」など、たくさんの方法が見つかりましたね。それぞれについて、もっと考えていきましょう。
それでは、活動シートを配ります。（活動シート20-1を配付する）2を見てください。皆さんが発表してくれた中から、今日は3つの方法を選びました。では、友だちに「返して」と言ったら、その後、どうなるのかを一緒に考えてみましょう。（何名かに発表させ、板書をして、活動シートに書かせる）
（全員が記入し終えたことを確認して）同じように、あと2つの方法について、自分で考えて書きましょう。（数名の児童に発表させる）

ヒント 教師は、児童の発言を肯定的に受け止めながら、板書をする。

Step 5 活動シート20-1「こまったな。どうしよう」3について考える

▶ 教師は、活動シート20-1「こまったな。どうしよう」の3に、自分が決めた方法を書くように指示します。

3つの方法についてそれぞれどうなるのかを考えてみましたね。
では、あなただったらどうしますか。この3つの中から、自分が一番良いと思うものを選んで、活動シート20-1「こまったな。どうしよう」の3に、選んだ理由も一緒に書きましょう。
では、始めてください。

Step 6 何を選んだかとなぜそれを選んだかについて発表する

▶教師は、数名を指名して発表させます。

では、どの方法を選んだのか、そして、なぜそれを選んだのか、理由を発表しましょう。
（数名の児童に発表させる）
今日は、困ったことがあった時にどうしたらよいかは１つではないことを学習しました。
方法は人それぞれ違っていたし、同じものを選んでも、その理由は人それぞれ違っている
ことが分かりましたね。
皆さんはいつでも何かする時には、自分で決めてしています。困ったことがあった時、そ
れをしたらその後どうなるかを考えて、１つ決めることが大切です。

③ まとめ

Step 7 本時の学習内容を振り返る

▶教師は、活動シート20-2「ふりかえりシート」を配付します。

今日の学習を活動シート20-2「ふりかえりシート」に記入して振り返ってみましょう。
（机間指導をして、適切なアドバイスをする）
しっかり考えて決めることができましたね。でも、考えても良い考えが出てこない時は、
おうちの人や先生に相談するのもよいでしょう。きっと違った方法が見つかると思います。
今日学習したことを、使ってみましょう。

6 家庭や地域と連携した活動

　活動シート20-1「こまったな。どうしよう」を家庭に持ち帰り、家族で話し合ってみるよう指示
します。また、学級懇談会や学級通信等で学習の様子について知らせ、日常の生活で活用できるよう
に、理解を求めます。

いやなことをするのはやめて
——自分の気持ちを効果的に伝える練習をする——

ユニット 2 いじめ未然防止

1 指導のねらい

・友だちに困ったことをされた時、自分の気持ちを効果的に伝えるために、言葉と非言語的なコミュニケーションを合わせて使うことができる

1年生は、言葉遣いや表情、態度などコミュニケーション力が未熟な時期であるため、相手に自分の気持ちが伝わらなかったり、トラブルを引き起こしたりすることが少なくありません。

こうした場面においては、言語的、非言語的なコミュニケーションを組み合わせ、相手に効果的に伝えるコミュニケーションスキルを身に付けることは大切なことです。

本時では、友だちから困ったことをされた時、自分の気持ちをはっきり伝える方法を考え、練習することを通して、安心して学校生活を送ることができるようになるために、この題材を設定しました。

2 準備するもの

(◉CD) 活動シート21-1：「いやなことをするのはやめて」
(◉CD) 活動シート21-2：「ふりかえりシート」
・掲示用資料21-1：「いやなことをするのはやめて」
　（活動シート21-1の事例の部分を拡大したもの）

活動シート21-1　　　活動シート21-2

3 教育課程との関わり

特別活動　学級活動

4 指導過程（概略）

	活動のステップ	活動のポイント	準 備 物
導入	**Step 1** 本時のねらいを確認する	①教師は、前時の学習「こまったな。どうしよう」で、友だちに困ったことをされた時、どうするか自分で考えて決めたことを想起させる ②教師は、本時はやめてほしい気持ちを伝える方法を考え、練習することを確認する	
展開	**Step 2** 自分の気持ちを伝える方法を確認する	①教師は、3つのモデルでロールプレイングを見せ、児童にどれが良いかを考えさせる ②教師は、気持ちをはっきり伝えるためには、言葉だけでなく、表情や身振り手振りを合わせて伝えると効果的であることを確認する	
	Step 3 相手に自分の気持ちをどのように伝えるかを考える	③活動シート21-1「いやなことをするのはやめて」1に記入する ④活動シート21-1「いやなことをするのはやめて」2に記入する	活動シート21-1「いやなことをするのはやめて」 掲示用資料21-1「いやなことをするのはやめて」 （活動シート21-1の事例の部分を拡大したもの）
	Step 4 ペアで練習をする	⑤教師は、やり方を説明する ⑥自分が考えた言葉と身振り手振りを使って、気持ちを伝える練習をする ⑦お互いに、言葉の内容や身振り手振りで良かったところを伝える	
	Step 5 全体で交流する	⑧教師は、数名に発表させる ⑨良かったところや工夫していたところについて交流する	
まとめ	**Step 6** 本時の学習内容を振り返る	①活動シート21-2「ふりかえりシート」に記入する ②教師は、日常生活において、自分の気持ちをはっきり伝えることの大切さを確認する	活動シート21-2「ふりかえりシート」

5 指導の実際

① 導　入

Step 1 本時のねらいを確認する

▶教師は、前時の学習「こまったな。どうしよう」で学んだことを想起させます（136頁〜参照）。

▶教師は、本時はやめてほしい気持ちを伝える方法を考え、練習することを確認します。

> 「こまったな。どうしよう」の学習では、友だちに困ったことをされた時どうしたらよい
> か、それをしたらどうなるかを考え、その中から自分にとって良いと思う方法を決める学
> 習をしました。
> 今日は、友だちに困ったことをされた時、「やめてほしい」気持ちを上手に伝える練習を
> します。

② 展　開

Step 2 自分の気持ちを伝える方法を確認する

▶教師は、3つのモデル（①無表情で言葉のみ、②強い口調でけんか腰、③はっきりとした言葉と
　表情や身振り手振りを合わせたもの）を見せて比較させ、どこが良かったか考えさせます。

▶教師は、これまでの学習や生活の中で、自分の気持ちを伝える時は、言葉だけではなく表情や身
　振り手振りを合わせて伝えると効果的であることを確認します。

> 例えば、こんな時、皆さんはどうしますか。
> 休憩時間のことです。隣の席の友だちが、あなたの消しゴムを何も言わないで、勝手に
> 使って困っています。あなたは「返してほしい」と思っています。
> 先生が、3つやってみますね。どれが返してほしい気持ちが伝わるか、考えながら見てく
> ださい。
> 　①「これ、返して」（無表情で言葉のみ）
> 　②「おい、返せよ」（乱暴な言い方）
> 　③「これ、私の消しゴムなんだけど。今から使うから、返してほしい」（はっきりした
> 　　声、真剣な表情、相手を見て返してほしいと手を前に出すなど）
> どうでしたか。皆さんは、どれがどのように良かったですか。（児童の気付きを板書する）
> 皆さんが言うように、③は返してほしいという言葉と、真剣な表情で、返してほしい様子
> を身振り手振りで表し、よく伝わりました。①は言葉だけ、②は乱暴な言葉遣いでしたね。
> 今日は、③のように、自分の気持ちをはっきりと伝える練習をしましょう。

ヒント　はっきりした声、真剣に、一生懸命、相手を見る、手を前に出す等、絵やマークで表情を示すのもよい。

Step 3 相手に自分の気持ちをどのように伝えるかを考える

▶教師は、活動シート21-1「いやなことをするのはやめて」を配付します。
▶教師は、掲示用資料21-1「いやなことをするのはやめて」（事例の部分を拡大したもの）を提示します。

> 休憩時間のことです。あなたは隣の席の友だちが、あなたの消しゴムを何も言わないで、勝手に使って困っています。あなたは「返してほしい」と思っています。「困っている」「返してほしい」という気持ちをどういう言葉で伝えますか。（数名の児童に発表させ、板書をする）
> 活動シート21-1「いやなことをするのはやめて」の1に書きましょう。
> （全員が記入し終えたことを確認して）その言葉と合わせて、どんな表情や身振り手振りで伝えますか。2に書きましょう。（数名の児童に発表させ、板書する）

ヒント 教師は、支援の必要な児童には、板書を参考にして一緒に考えるよう、アドバイスをする。

Step 4 ペアで練習をする

▶教師は、ロールプレイの進め方を説明します。

> それでは、気持ちを伝える練習をしましょう。やり方を説明します。
> ①ペアでやります。
> ②初めにやる人は、立ちます。先生の合図で、始めます。考えた言葉と表情や身振り手振りを合わせてやってみます。やり終わったら、椅子に座ります。
> ③もう1人の人は、友だちが、活動シートに書いたことができていたかを見てください。できていたら、友だちの活動シートに○をしてあげましょう。その後友だちの言葉や表情、身振り手振りの良かったところを伝えましょう。
> やり方は、分かりましたか。最初の人は立ちましょう。では、始めましょう。

▶教師は、1人目の児童がやり終え、良かったところを伝えられたことを確認し、交代を指示します。

Step 5 全体で交流する

▶教師は、数名の児童に発表させ、友だちの良かったところや工夫していたところを交流します。

練習したことを前に出て発表してもらいます。皆さんは、友だちの発表が終わったら、良かったところや工夫していたところを発表してください。
（発表を数回繰り返す）

ヒント 教師は、児童の気付きを分類整理しながら板書する。

③ まとめ

Step 6 本時の学習内容を振り返る

▶教師は、活動シート21-2「ふりかえりシート」を配付します。

今日の学習を振り返って、活動シート21-2「ふりかえりシート」に記入しましょう。（机間指導をする）
これから困ったことや嫌なことがあった時、どうするかを発表してください。（数名の児童に発表させる）
日常生活でも、自分の気持ちを上手に伝えるために、言葉や表情、身振り手振りなど、工夫して使っていきましょう。

▶教師は、児童の気付きをもとに板書します。

板書例

きゅうけいじかんのことです。となりのせきのともだちが、あなたのけしゴムをなにもいわないで、かってにつかってあなたは、こまっています。
あなたは、「かえしてほしい」とおもっくいます。

つたえかた	たとえば	よかったところ くふうしていたところ

| こえ | ・はっきりしたこえで ・いっしょうけんめい ・ほんきで | 「これからわたしがつかうからかえして」 「そのけしゴム、わたしのだからかえして」 たのむポーズをしながら | ・大きいこえで ・はっきりと ・かえしてほしいわけを いっている 　じぶんのだから 　つかいたいから ・てをつかってポーズ ・ことば「おねがい」 |

かお ・しんけんなかおで ・あいてをみて

うごき ・てをまえにだしながら →からだのうごきもあわせて

6 家庭や地域と連携した活動

　活動シート21-1「いやなことをするのはやめて」、21-2「ふりかえりシート」を家庭に持ち帰り、学習したことを家族に話すように指導します。また、学級懇談会や学級通信等で学習の様子について知らせ、日常の生活で活用できるように、理解を求めます。

こまったな。たすけて
——自分一人で解決できない時、どうすればよいかを考える——

ユニット ▶ 2 いじめ未然防止

1 指導のねらい

・友だちからプレッシャーを受ける場面において、解決方法は1つではないことに気付くことができる

・問題を解決するために、複数の選択肢の中から1つを選ぶことができる

> 　小学校低学年では、物事を解決するための生活経験も少なく、思い付いた1つの方法にこだわる傾向があります。しかし、物事を解決するための方法はいくつかあり、その中で自分にとってより良い方法を選ぶことが大切です。
>
> 　1年生では、複数の中から理由を考えて良いと思うものを1つ選ぶ学習をしました。2年生では、どんな方法があるかを考え、複数の選択肢の中から1つを選ぶ学習を経験しました。
>
> 　本時では、自分一人で解決できないような困った場面で、選択肢をできるだけたくさん挙げ、その中から、自分にとって最も良いと思うものを、理由を考えながら、1つ選ぶことができるようになるために、この題材を設定しました。

2 準備するもの

（💿）活動シート22-1：「こまったな。たすけて」

（💿）活動シート22-2：「ふりかえりシート」

（💿）掲示用資料22-1：「せんたくしのルール」

活動シート22-1　　　活動シート22-2

掲示用資料22-1

3 教育課程との関わり

特別活動　学級活動

4 指導過程（概略）

	活動のステップ	活動のポイント	準 備 物
導入	**Step 1** 「じゃんけんゲーム」をする	①教師は、「じゃんけんゲーム」のルールを説明し、ゲームをさせる	
	Step 2 本時のねらいを確認する	②教師は、本時は困った時にどうするか、たくさんの選択肢を考えて、その中から選ぶ練習をすることを伝える	
展開	**Step 3** 活動シート22-1「こまったな。たすけて」1について考える	①教師は、活動シート22-1「こまったな。たすけて」1の事例を読み、自分だったらどうするかを書かせる ②教師は、できるだけ多くの児童に考えを発表させ、整理して板書する	活動シート22-1「こまったな。たすけて」
	Step 4 活動シート22-1「こまったな。たすけて」2について考える	③教師は、活動シート22-1「こまったな。たすけて」2に、板書を参考に3つの選択肢を選び、記入させる	
	Step 5 選択肢のルールを確認する	④教師は、選択肢のルールを提示し、説明する	掲示用資料22-1「せんたくしのルール」
	Step 6 より良い選択肢を1つ選び記入する	⑤活動シート22-1「こまったな。たすけて」3の「きめよう」に記入する ⑥最終的に何を選んだか、また選んだ理由について、グループで発表し合う ⑦教師は、数名の児童に発表させる	
まとめ	**Step 7** 本時の学習内容を振り返る	①活動シート22-2「ふりかえりシート」に記入する ②教師は、困った時には、友だちに助けてもらう方法などを使うことができるように促す	活動シート22-2「ふりかえりシート」

指導の実際

① 導　入

Step
1 「じゃんけんゲーム」をする

▶教師は、「じゃんけんゲーム」のルールを説明し、ゲームをさせます。

▶教師は、じゃんけんで、先生に勝つために、「グー」「チョキ」「パー」の3つの「選択肢」から、どれを出そうかと自分で選んで決めていることを確認します。

> 今から、先生と「じゃんけんゲーム」をします。先生が「じゃんけん、ポイ」で「グー」「チョキ」「パー」のどれかを出します。皆さんはそれを見て、勝てるように「ポイ」と言いながら出してください。3回戦します。用意はよいですか。（先生と児童で3回じゃんけんする）
> 今したじゃんけんは、先生が何を出すかなと皆さんが考えて、勝てるように自分で選んで決めて出しましたね。皆さんは、毎日今のようにいろいろなことを自分で決めています。

Step
2 本時のねらいを確認する

▶教師は、本時は困った時にどうするか、たくさんの選択肢を考えて、その中から選ぶ練習をすることを伝えます。

> 今日は、困ったことがあった時に、じっくりと考えて、選択肢をたくさん挙げて、その中から、自分にとって最も良いと思うものを選ぶ練習をしましょう。

② 展　開

Step
3 活動シート22-1「こまったな。たすけて」1について考える

▶教師は、活動シート22-1「こまったな。たすけて」1の事例を読み、自分だったらどうするかを1に書かせます。

▶教師は、できるだけ多くの児童に考えを発表させ、整理して板書します。

> 活動シート22-1「こまったな。たすけて」の1を見てください。あなたは先生にノートを見てもらうために、列に並んでいます。あなたの前にA君が割り込んできました。あなたの後ろにも人が並んでいるので、あなたは「一番後ろに並んで」と何度もA君を注意しました。でも、A君は聞いてくれません。A君に一番後ろに並んでもらうためには、あな

たはどうしますか。

自分の考えを活動シート22-1「こまったな。たすけて」の1に書きましょう。（全員が書けていることを確認する）

では、何人かに発表をしてもらいます。（分類整理をしながら、板書する）

Step 4 活動シート22-1「こまったな。たすけて」2について考える

▶教師は、活動シート22-1「こまったな。たすけて」の2に、板書を参考に3つの選択肢を選び、記入させます。

A君に一番後ろに並んでもらうための選択肢は、皆さんで考えると、たくさんありますね。では次に、黒板に書いたものの中から、自分が良いと思う選択肢を3つ選んで、活動シート22-1「こまったな。たすけて」の2に書きましょう。

Step 5 選択肢のルールを確認する

▶教師は、選択肢のルールを提示し、説明します。

（全員が3つ選んだことを確認して）たくさんある選択肢の中から3つを選んでもらいました。その3つの選択肢をすべて同時に行うことはできません。そこで、1つを選んでもらいます。その時のルール、2つを確認しておきましょう。1つ目は、その選択肢は、自分にできることかを考えること、2つ目は、他の人の迷惑にならないことかを考えることが大切です。

Step 6 より良い選択肢を1つ選び記入する

▶活動シート22-1「こまったな。たすけて」の3に記入します。

▶最終的に何を選んだか、また選んだ理由について、グループで発表し合います。

▶教師は、数名の児童に発表させます。

では、選択肢のルールを使って、活動シート22-1「こまったな。たすけて」の3に、自分が一番良いと思う選択肢を理由と一緒に書きましょう。

（全員が記入し終えたことを確認して）それぞれが選んだ、自分にとって良いと思った1つの選択肢をグループ内で発表しましょう。なぜそれを選んだか理由も伝えましょう。

（すべてのグループ内で発表し終えたことを確認して）何人かの人に発表してもらいます。

③ まとめ

Step 7 本時の学習内容を振り返る

▶教師は、活動シート22-2「ふりかえりシート」の1の項目には、当てはまるものに○印を、2の項目には、今日の学習で分かったことや感想を書くように指示します。

▶教師は、数名の児童を指名し、分かったことや感想を発表させます。

今日の学習を振り返って、活動シート22-2「ふりかえりシート」の1の項目には、当てはまるものに○印を、2の項目には、今日の学習で分かったことや感想を書きましょう。
（全員が記入したことを確認して）今日は、A君に割り込まれた時に、A君に一番後ろに並んでもらうために、あなたはどうするかを考えました。たくさんの方法があることが分かりましたね。また、選択肢のルールを使って、自分にとって一番良いと思う選択肢を選ぶこともできました。
選択肢は人それぞれ違っていたし、同じものを選んでも、その理由は人それぞれ違っていることが分かりました。
困ったことがあった時には、たくさんの選択肢を考えて、その中から自分にとって最も良いと思う選択肢をしっかりと考えて解決していきましょう。

6 家庭や地域と連携した活動

　学級懇談会や学級通信等で学習の様子について知らせ、日常の生活で活用できるように、理解を求めます。

友だちにたすけをもとめよう
——困った時に周りに助けを求める練習をする——

ユニット 2 いじめ未然防止

1 指導のねらい

・友だちからプレッシャーを受ける場面において、周りの友だちに助けを求めることができる

> 　小学校低学年は、友だちへの関心が高まってくる時期ですが、精神面での発達が未熟であるため、他人の意見を受け入れられなかったり、自己中心的な言動を取ったりして、トラブルに発展する場合もあります。
> 　友だちから嫌なことをされたり、言われたりした時、自分だけで解決できない場合は、友だちに助けを求めることも良い方法です。
> 　本時では、困った時に周りの友だちにどのように助けを求めるかを考え、練習するために、この題材を設定しました。

2 準備するもの

- 活動シート23-1：「友だちにたすけをもとめよう」
- 活動シート23-2：「ふりかえりシート」
- 掲示用資料23-1：「友だちにたすけをもとめよう」
- 役割カード：「わたし」

活動シート23-1　　　活動シート23-2

掲示用資料23-1　　　役割カード

3 教育課程との関わり

特別活動　学級活動　特別の教科道徳（B. 主として人との関わりに関すること-（9））

④ 指導過程（概略）

	活動のステップ	活動のポイント	準 備 物
導入	**Step 1** 本時のねらいを確認する	①教師は、前時の学習「こまったな。たすけて」で、困った時にどうしたらよいかを考えたことを確認する ②教師は、本時は困った時に友だちに助けを求める練習をすることを伝える	掲示用資料23-1「友だちにたすけをもとめよう」
展開	**Step 2** 友だちにどのように伝えるかを考える	①教師は、悪いモデルを示して良い伝え方を考えさせる	活動シート23-1「友だちにたすけをもとめよう」
	Step 3 相手に自分の気持ちを伝える「せりふ」を考える	②助けてほしい気持ちをどういう「せりふ」で伝えるかを活動シート23-1「友だちにたすけをもとめよう」1に記入する	
	Step 4 ペアで練習をする	③教師は、やり方、演技者と観察者の留意点を確認する ④ペアで、活動シートに沿って、「せりふ」を使って練習する ⑤観察者は、演技者に良かった点等を伝える ⑥役割を交代する	役割カード「わたし」
	Step 5 全体で交流する	⑦教師は、複数のペアを選び、全体に発表させる ⑧良かった点や気付いたことを発表する	
まとめ	**Step 6** 本時の学習内容を振り返る	①活動シート23-2「ふりかえりシート」に記入する ②教師は、困った時には、自分で解決する他、友だちに助けてもらうことも大切であることを伝える	活動シート23-2「ふりかえりシート」

5 指導の実際

① 導　入

Step 1 本時のねらいを確認する

▶教師は、事例を掲示し、内容を確認します。

▶教師は、前時の学習で、困った時にどうしたらよいかを考えたことを確認します。

▶教師は、本時は困った時に友だちに助けを求める練習をすることを伝えます。

前の時間には、困った時にどうすればよいかを考えました。この学習では、選択肢がたくさんあることを学びました。その中の１つに、友だちに助けてもらう方法があります。
（掲示用資料23-1「友だちにたすけをもとめよう」を提示し、読む）
あなたは先生にノートを見てもらうために、列に並んでいます。あなたの前にＡさんが割り込んできました。あなたの後ろにも人が並んでいるので、「一番後ろに並んで」と注意をしました。でも、Ａさんは聞いてくれません。あなたは、後ろにいるＢさんに助けを求めます。
このように、自分で解決できない時には、友だちや周りの人に助けてもらうことも必要です。今日は、友だちに助けてもらうための「せりふ」を考えて、言う練習をしましょう。

② 展　開

Step 2 友だちにどのように伝えるかを考える

▶教師は、悪いモデルを示して良い伝え方を考えさせます。

これから先生が、友だちに助けを求める演技をしますので見ていてください。
（はっきりしない言い方やトゲトゲ言葉などを使ったり、相手を見ないで言ったりする）
悪いモデルの例：①「おい、おまえも注意しろよ」と怒ったように言う
　　　　　　　　②「えーと、あのう……どうしよう」と相手を見ないでおどおどして言う　など。
どうでしたか。これでは、友だちに助けてほしい気持ちが伝わりにくいですね。どこがいけなかったでしょうか。気付いたことを発表しましょう。
（数名の児童に発表させる）

では、Ｂさんに助けてほしい気持ちをはっきりと伝えるためには、どういう伝え方が良いと思いますか。発表してください。（数名の児童に発表させ、板書する）
発表してくれたように気持ちを相手に伝えるためには、はっきりした言い方がよいですね。

言葉に合わせて身振り手振りを付けるとよく伝わります。今日は、「はっきりと言う」「相手の顔を見る」「助けてほしい気持ちを伝える」など体の動きも合わせて使ってみましょう。

▶教師は、児童がこれまでに学習した1年生⑦「いやなことをするのはやめて」（141頁～参照）や2年生②「あったかことばの力」（54頁～参照）などを参考にして、気持ちを上手に伝えるための言葉や身振り手振りなどに気付くことができるようにします。

▶教師は、児童が発表したことを板書して確認します。

Step 3 相手に自分の気持ちを伝える「せりふ」を考える

▶活動シート23-1「友だちにたすけをもとめよう」の1に「せりふ」を考えて書きます。

今から、友だちに助けを求めるための「せりふ」を考えます。

どういう「せりふ」がよいかを考えてみましょう。先ほどの悪い例のように、「おい」と言ってけんか腰になったり、「あのう…」と言ってはっきりと伝わらない「せりふ」ではなく、助けてほしい気持ちが伝わる「せりふ」を考えましょう。（数名の児童に発表させ、板書する）

今、友だちが発表してくれた「せりふ」を参考に自分で考えて、「せりふ」を活動シート23-1「友だちにたすけをもとめよう」の1に書きましょう。

ヒント　「せりふ」の例：「Bさん、いっしょに注意をしてほしいんだけど」「Aさんが聞いてくれないけど、どうしたらいい？」等。

Step 4 ペアで練習をする

▶教師は、演技の進め方を説明します。

▶演技をする児童は「わたし」の役割カードを付け、教師の合図で一斉に始めます。

▶教師は、全体の児童が「せりふ」を言い終えたことを確認して、活動シート23-1「友だちにたすけをもとめよう」の2に記入させ、ペアで意見交流をさせます。

それでは、友だちに助けを求める練習のやり方を説明します。
　①ペアになって、「わたし」と「Bさん」の役を決めます。
　②「わたし」役の人は、役割カードを付けて立ちます。
　③先生の合図で「せりふ」を言います。終わった人から椅子に座ります。
　④「Bさん」は、活動シート23-1「友だちにたすけをもとめよう」の2に書いてあることが、できているか見てください。友だちの演技について、できていたら○を付けてください。その後、3の良かった点や気付いたことを書きましょう。

⑤「Bさん」は2と3に書いたことを「わたし」に伝えましょう。

⑥役割を交代します。

やり方は、分かりましたか。それでは、ペアになって「わたし」と「Bさん」の役を決めましょう。「わたし」役の人は、役割カードを付けて立ちましょう。先生の合図で「せりふ」を言います。あなたはAさんに注意をしました。でもAさんは、聞いてくれません。では、皆さんが考えた「せりふ」を言いましょう。(①〜⑥の手順を1つずつ確認しながら進める)

活動シートに書いたことをペアでお互いに伝え合いましょう。

 ## Step 5 全体で交流する

▶教師は、複数のペアを選び、演技と良い点を発表させます。

「せりふ」や、良かった点や気付いたことなどを発表してもらいます。ペアで発表したい人は手を挙げてください。(演技と活動シートの内容を発表させる)

皆さんは、演技を見て他に良かったことなどを発表してください。

ヒント　教師は、活動シートの振り返りを書く際の参考とするため、児童の意見をまとめて板書しておく。

---

③ まとめ

Step 6 本時の学習内容を振り返る

▶教師は、活動シート23-2「ふりかえりシート」を配付し、記入させます。

▶教師は、困った時には友だちに助けを求める方法があることと、普段の生活でも自分の気持ちをはっきりと伝えることが大切であることを確認します。

今日の学習を活動シート23-2「ふりかえりシート」に記入しましょう。(机間指導をして、適切なアドバイスをする)

今日の学習では、友だちに助けを求める練習をしました。練習した方法を使って、友だちに助けを求めることができれば、けんかになったり、ひとりぼっちになったりせずに、うまく解決することができます。

これから、今日の学習を生かして、困ったことを解決できるようになるとよいですね。でも、自分たちだけで解決できない時は、先生や、周りの大人に助けを求めることも必要です。一人で悩まずに、困った時は、周りの人に助けを求めましょう。

友だちにたすけをもとめよう

あなたは、わりこんできたＡさんに「一番後ろにならんで」と言いました。しかし、Ａさんは聞いて
くれないので、あなたは、後ろにいるＢさんにたすけをもとめます。

Ａさん　あなた　Ｂさん

言い方・つたえ方

・はっきりと言う
・あい手のかおを見る
・手のうごきもつけて

せりふのれい

「Ｂさん、いっしょにＡさんにちゅういしてほしいんだけど」
「Ａさんがきいてくれないけど、どうしたらいい？」

よかった点や気づいたこと

・いっしょうけんめいに言っていた　・たすけてほしい気もちがよくわかった
・おねがいするポーズをした　　　　・しんけんなかおで言っていた

6 家庭や地域と連携した活動

　活動シート23-1「友だちにたすけをもとめよう」、23-2「ふりかえりシート」を家庭に持ち帰り、
学習したことを話すように指導します。また、学級懇談会や学級通信等で学習の様子について知らせ、
日常の生活で活用できるように、理解を求めます。

やめようと言おう
──友だちを助けるために、いじめている子に注意する言動を
考えることができる──

ユニット ② いじめ未然防止

1 指導のねらい

・いじめをしている子を注意するための選択肢を挙げることができる

・仲裁者としての言動が、いじめ問題を解決する１つの手立てであることに気付くことができる

　　３年生は、自己中心的な考えから脱却し、周りの様子を理解することができる時期です。いじめの場面では、問題を解決するために、被害者を助けたり、加害者に注意をしたりし、仲裁者的な行動ができるようになるのもこの時期です。

　　本時では、いじめの場面で意志決定スキルを活用し、仲裁者として加害者の行動変容を促すことができるようになるために、この題材を設定しました。

2 準備するもの

⊚ 活動シート24-1：「やめようと言おう」

⊚ 活動シート24-2：「ふりかえりシート」

・掲示用資料24-1：「やめようと言おう」
　（活動シート24-1を模造紙大に拡大したもの）

活動シート24-1

活動シート24-2

3 教育課程との関わり

特別活動　学級活動　特別の教科道徳（B. 主として人との関わりに関すること-(8)）

4 指導過程（概略）

	活動のステップ	活動のポイント	準 備 物
導入	**Step 1** じゃんけんゲームをする **Step 2** 本時のねらいを確認する	①教師を相手にじゃんけんゲームをする ②教師は、じゃんけんで何を出したかは、すべて自分自身で決めていることに気付かせる ③教師は、事例を説明する ④教師は、本時はA君を助けるためにB君にどのように言うかを考えることを伝える	活動シート24-1「やめようと言おう」
展開	**Step 3** 選択肢を考える **Step 4** 選択肢1の「よい点」と「こまった点」を全員で考える **Step 5** 一番良いと思う選択肢を選ぶ	①教師は、活動シート24-1「やめようと言おう」2に書かれている1つ目の選択肢を読み上げて確認する ②教師は、残りの2つを記入させ、発表させる ③教師は、良い決め方をするためには、それぞれの選択肢の「よい点」「こまった点」について考えることが大切であることを説明する ④教師は、選択肢1の「よい点」と「こまった点」について全員で考えさせて、掲示用資料に記入する ⑤各自で残りの選択肢の「よい点」「こまった点」について考えて記入する ⑥自分にとって最も良いと思う選択肢1つを選び、活動シート24-1「やめようと言おう」3に記入する ⑦教師は、自分が決めた選択肢となぜそれに決めたかを発表させる	掲示用資料24-1「やめようと言おう」
まとめ	**Step 6** 本時の学習内容を振り返る	①活動シート24-2「ふりかえりシート」に記入する ②教師は、意志決定の秘訣を使って、様々な問題解決ができることを確認する	活動シート24-2「ふりかえりシート」

5 指導の実際

① 導　入

Step 1 じゃんけんゲームをする

▶教師を相手にじゃんけんゲームをします。

▶教師は、じゃんけんで何を出したかは、すべて自分自身で決めていることに気付かせます。

> 今から先生とじゃんけんをします。最初はグー、じゃんけんポイ。（これを2回繰り返す）
> 2回目に先生に勝った人、手を挙げてください。（児童に挙手させる）
> それは誰がどのように決めて先生に勝てましたか。（児童が答えてから）そうですね。何を出したら先生に勝てるかを、自分で考えて決めましたね。じゃんけんで何を出すかは、誰に言われたものでもなく自分で決めたことです。このように、自分が何をするかを決めることを「意志決定」と言います。

Step 2 本時のねらいを確認する

▶教師は、活動シート24-1「やめようと言おう」1の事例を読み上げ、場面を説明します。

ヒント 教師は、場面の状況がイメージできるように、絵やペープサート等で工夫をするとよい。

▶教師は、本時はA君を助けるためにB君にどう言うかを考えることを確認します。

> もうすぐ大なわとび大会です。皆さんは、大なわとび大会で勝ちたいと思っています。大なわとび大会の練習の日、運動が特別苦手なA君が手の指をけがしてしまいました。A君は手の指をけがしていても、みんなと一緒に練習をしたいと思っています。しかし、B君は、A君がいなければ競技に勝てるという思いから、A君に「けがをしているんだから休めよ」と言っています。あなたは、A君を助け、みんなで練習をして大なわとび大会で勝ちたいと思っています。A君を助けるために、あなたはどうしますか。（数名の児童を指名して発表させる）
> そうですね。たくさん方法がありますね。その中でも、今日は、A君を助けるために、B君にどのように言うのかを皆さんで考えましょう。

② 展　開

Step 3 選択肢を考える

▶教師は、活動シート24-1「やめようと言おう」の2に書かれている1つ目の選択肢を読み上げて確認します。

▶教師は、残りの2つを記入させ、発表させます。

ヒント 教師は、児童の発言を掲示用資料24-1「やめようと言おう」に書く。

あなたなら、A君を助けるために、B君に何と言いますか。

活動シート24-1「やめようと言おう」の2を見てください。例えば、「A君にそんなことを言うのをやめて」と言うことが考えられますね。他に、B君にどう言ったらA君を助けることができるかを考えて、発表してください。（数名の児童に発表させ、板書する）

黒板の意見を参考に、活動シート24-1「やめようと言おう」の2の選択肢の二番目と三番目に、自分で考えて書きましょう。

（しばらく時間をおいて）皆さんは、A君を助けるためにB君に言う言葉をたくさん考えてくれました。このようにたくさんの選択肢を挙げることが良い決め方の秘訣1です。

Step 4 選択肢1の「よい点」と「こまった点」を全員で考える

▶教師は、良い決め方をするためには、それぞれの選択肢の「よい点」「こまった点」について考えることが大切であることを説明します。

▶教師は、選択肢1の「よい点」と「こまった点」について全員で考えて、掲示用資料に記入します。

▶それぞれの選択肢の「よい点」「こまった点」について考えて記入します。

次に、良い決め方をする秘訣2です。これを選んだら、どんなことが起こるか、どうなるか、結果を考えることが大切です。そのために、それぞれの選択肢の「よい点」「こまった点」について考えていきましょう。

では、活動シート24-1「やめようと言おう」を見てください。もし、B君に「A君にそんなことを言うのをやめて」と言うと、困っているA君は味方ができたと思い、A君が喜んでくれます。これは、良い点です。他にどのような「よい点」がありますか。（数名の児童に発表させ、板書する）

では反対に「こまった点」です。B君に「A君にそんなことを言うのをやめて」と言うと、B君は「なんでそんなことを言うんだ」と怒り出し、けんかになるかもしれません。他にどのような「こまった点」がありますか。（数名の児童に発表させ、板書する）

それでは、次は自分で考えて、選択肢2と3の「よい点」と「こまった点」を活動シートに書きましょう。

Step 5 一番良いと思う選択肢を選ぶ

▶自分にとって最も良いと思う選択肢を1つ選び、活動シート24-1「やめようと言おう」の3に

記入します。

▶教師は、自分が決めた選択肢となぜそれに決めたかを発表させます。

選択肢の「よい点」「こまった点」をしっかりと考えました。最後に、それらの中から、自分にとって、どれが一番良い選択肢だと思うかを考えて、活動シート24-1「やめようと言おう」の3に書きましょう。また、選んだ理由も書きましょう。

（全員が記入し終えたことを確認して）それでは、発表してもらいます。なぜ、それを選んだのか、理由も一緒に発表してください。（数名の児童に発表させる）

③ まとめ

Step 6 本時の学習内容を振り返る

▶教師は、活動シート24-2「ふりかえりシート」の1の項目には、当てはまるものに○印を、2の項目には、今日の学習で分かったことや感想を書くように指示します。

▶教師は、意志決定の秘訣を使って、問題の解決を図ることができることを確認させます。

▶教師は、意志決定の秘訣を日常で活用するよう促します。

では、活動シート24-2「ふりかえりシート」の1に、当てはまると思う数字に○印を付けましょう。次に活動シート24-2「ふりかえりシート」の2に、今日の学習で分かったことや感想を書きましょう。

（書けたことを確認して）今日は、A君を助けるためにB君にどう言うかを皆さんでしっかりと考えました。良い決め方の秘訣1は、選択肢をたくさん挙げることです。秘訣2は、その選択肢の「よい点」と「こまった点」について、しっかり考えて決めることです。困っている人がいたら黙って見ていないで、しっかりと考えて、困っている人を助ける行動を取ると、いじめ問題を防ぐことができます。あなたの行動がA君だけでなく、B君を助けることにも繋がり、温かいクラスを作ることができます。日常的にも意志決定の秘訣を使ってしっかりと考え、自分にとって良いと思う方法を選び、行動していきましょう。

6 家庭や地域と連携した活動

　活動シート24-1「やめようと言おう」を家庭に持ち帰り、学習したことを伝えたり、一緒に考えたりして、意志決定について考えてもらう機会とします。

こまっている友だちを助けよう
──困っている友だちを助けるせりふや言い方を考え、練習する──

ユニット ② いじめ未然防止

1 指導のねらい

・自己主張コミュニケーションスキルの要素が分かる

・自己主張コミュニケーションスキルを活用して、困っている友だちを助ける方法を考えることができる

> 3年生は、語彙も増え、コミュニケーションによる友だちとの関わりが盛んになってくる時期です。一方で、言葉で自分の思いを十分伝えることができず、相手を傷つける言動によるトラブルが多発するなど、コミュニケーション能力に個人差が見られるのも、この時期の特徴です。
>
> こうした時期に、人間関係を崩さないで、自分の考えや意見を上手に伝えることができるコミュニケーションスキル（自己主張コミュニケーションスキル）を身に付けることはとても大切です。
>
> 本時では、困っている友だちを助けるため、自分の考えや意見を上手に伝える言葉や言い方を考え、練習をして日常生活に生かせるようにするために、この題材を設定しました。

2 準備するもの

(◎) 活動シート24-1：

「やめようと言おう」

(◎) 活動シート25-1：

「こまっている友だちを助けよう」

(◎) 活動シート25-2：

「かんさつ用チェックシート」

(◎) 活動シート25-3：「ふりかえりシート」

(◎) 役割カード：「発表者」

(◎) 児童用資料25-1：

「コミュニケーションの3つのタイプ」

・掲示用資料25-1：

「コミュニケーションの3つのタイプ」

（児童用資料25-1を拡大したもの）

活動シート24-1

活動シート25-1

活動シート25-2

活動シート25-3

児童用資料25-1

役割カード

3 教育課程との関わり

特別活動　学級活動　特別の教科道徳（B. 主として人との関わりに関すること-(8)）

4 指導過程（概略）

	活動のステップ	活動のポイント	準 備 物
導入	**Step 1** 前時の振り返りをする **Step 2** 本時のねらいを確認する	①教師は、前時の学習「やめようと言おう」で、A君を助けるために、B君にどう言うかを考えたことを想起させる ②教師は、本時はA君を助けるため、B君にどのように伝えるか、言い方を考えて練習することを確認する	活動シート24-1「やめようと言おう」
展開	**Step 3** どのような言い方で自分の気持ちを伝えるかを考える **Step 4** グループで練習をする **Step 5** 全体で交流する **Step 6** 「コミュニケーションの3つのタイプ」を確認する	①活動シート25-1「こまっている友だちを助けよう」1に、活動シート24-1「やめようと言おう」3を書き写す ②活動シート25-1「こまっている友だちを助けよう」2に記入する ③教師は、練習方法を説明する ④3人グループで練習する ⑤発表ごとに、観察者は発表者の良かったところを伝える ⑥教師は、数名に発表させる ⑦良かったところについて交流する ⑧教師は、掲示用資料25-1「コミュニケーションの3つのタイプ」を掲示し、自分の気持ちを上手に伝えるためには、「はっきりタイプ」の言葉や話し方が効果的であることを確認する	活動シート25-1「こまっている友だちを助けよう」 活動シート25-2「かんさつ用チェックシート」 役割カード「発表者」 掲示用資料25-1「コミュニケーションの3つのタイプ」（児童用資料25-1を拡大したもの）
まとめ	**Step 7** 本時の学習内容を振り返る	①活動シート25-3「ふりかえりシート」に記入する ②教師は、相手の気持ちを考えながら人間関係を崩さない「はっきりタイプ」で自分の考えを伝えることが大切であることを確認する	活動シート25-3「ふりかえりシート」 児童用資料25-1「コミュニケーションの3つのタイプ」

5 指導の実際

① 導　入

Step 1　前時の振り返りをする

▶教師は、前時の学習「やめようと言おう」(158頁〜参照)で、A君を助けるために、B君にどう言うかを考えたことを想起させます。

活動シート24-1「やめようと言おう」を見てください。前の学習では、困っているA君を助けるために、B君にどう言うかを考えました。

Step 2　本時のねらいを確認する

▶教師は、本時はA君を助けるため、B君にどのように伝えるか、言い方を考えて練習することを確認します。

今日は、困っているA君を助けるために、B君に自分の気持ちをどのような言い方で伝えるかを考えて練習します。

② 展　開

Step 3　どのような言い方で自分の気持ちを伝えるかを考える

▶教師は、活動シート25-1「こまっている友だちを助けよう」を配付します。

活動シート25-1「こまっている友だちを助けよう」を見てください。(事例を読む)
あなたは、困っているA君を助けるためにB君にどう言うか、「せりふ」を考えました。
活動シート24-1「やめようと言おう」の3に書いた「せりふ」を、活動シート25-1「こまっている友だちを助けよう」の1に書き写しましょう。
(全員が書き写したことを確認して)では次に、どんな言い方をすればよいかを考えてみましょう。
初めに、先生が3つのパターンでやってみます。
　①「そんなことを言うのをやめて」と、おどおどして言う。
　②「そんなことを言うのをやめて」と、けんか腰に言う。
　③「B君、A君が困っているからそんなことを言うのをやめてください」と、はっきりと言う。

①から③までのどれが良かったですか。（挙手させる）

なぜそれが良かったか理由を言ってください。（数名の児童に発表させ、整理して板書する）

そうですね。B君を嫌な気持ちにさせずに、自分の気持ちをしっかりと伝える言い方が良いですね。A君もB君もあなたの大切な友だちです。

黒板に書いた、皆さんの意見を参考に、活動シート25-1「こまっている友だちを助けよう」の2に、どんな言い方や表情、身振りで伝えるかを考えて書きましょう。

Step 4 グループで練習をする

▶教師は、練習の進め方を説明します。

▶3人グループで練習します。

▶発表ごとに、観察者は発表者の良かったところを伝えます。

それでは、考えた「せりふ」や言い方を練習します。練習の進め方を説明します。3人グループでやります。グループの中では、役割があります。「発表者」は1人、残りの2人は「観察者」です。交代しながら行います。
　①「発表者」は役割カードを付けて立ちます。
　②先生が「けがをしているんだから、出ない方がいいよ」とB君の「せりふ」を言います。その後に、「発表者」は、考えた「せりふ」と表情や身振りを合わせて言います。言い終わったら、椅子に座ります。
　③「観察者」は、「発表者」をよく観察し、「せりふ」や表情、身振りなど良いところを見つけ、活動シート25-2「かんさつ用チェックシート」に記入します。合図があったら「発表者」に良かったところを伝えます。
やり方は、分かりましたか。では、始めます。初めの「発表者」は役割カードを付けて立ちましょう。

▶教師は、1人目の児童がやり終え、良かったところを伝えられたことを確認し、交代を指示します。

Step 5 全体で交流する

▶教師は、数名に発表させ、良かったところを交流します。

練習したことを前に出て、発表してもらいます。皆さんは、友だちの発表が終わったら、良かったところを発表してください。（発表を数回繰り返す）

Step 6 「コミュニケーションの３つのタイプ」を確認する

▶教師は、掲示用資料25-1「コミュニケーションの３つのタイプ」を掲示し、自分の気持ちを上手に伝えるためには、「はっきリタイプ」の言葉や言い方が効果的であることを確認します。

（掲示用資料25-1「コミュニケーションの３つのタイプ」を掲示する）
コミュニケーションには３つのタイプがあります。今日、練習したのはどのタイプだと思いますか。その通りです。「はっきリタイプ」です。はっきりとした言葉や話し方で伝えると、相手の気持ちも考えながら、しっかりと自分の考えを伝えることができますね。同じ言葉でも、おどおどした言い方では、相手に伝わりません。また、強い言い方だとけんかになってしまいます。「はっきリタイプ」で伝えるとトラブルを避けることができます。今までの自分の伝え方がどうだったか振り返り、今日学んだことを生かしていきましょう。

③ まとめ

Step 7 本時の学習内容を振り返る

▶教師は、活動シート25-3「ふりかえりシート」を配付します。

今日の学習を振り返って、活動シート25-3「ふりかえりシート」に記入しましょう。
（机間指導をし、全員が記入し終えたことを確認して）今日は、相手を嫌な気持ちにさせないで困っている友だちを助ける言葉と言い方、表情や身振りを考えました。自分の考えや意見を伝えるには、「はっきリタイプ」が良いことも分かりました。
これからは、今日の学習を生かして「はっきリタイプ」で自分の考えや意見を伝えていきましょう。そして、もし困っている友だちがいたら、今日学習したことを思い出して、助け合える仲間作りをしていきましょう。

6 家庭や地域と連携した活動

　児童用資料25-1「コミュニケーションの３つのタイプ」を家庭に持ち帰り、家族それぞれがどんなタイプのコミュニケーションを行っているか、一緒に考えてもらう機会とします。

友だちを助ける方法を考えよう
——友だちを助ける方法をたくさん考え、決めることができる——

ユニット **2** いじめ未然防止

1 指導のねらい

・困っている友だちを助ける方法を複数挙げる

・意志決定ステップを使い、自分にとって最も良いと思う選択肢を選ぶことができる

3年生では、意志決定のステップを使って複数の選択肢を挙げ、それぞれの選択肢を選んだ際に起こるであろう「よい点」「こまった点」について考えることを中心に学習しました。

本時では、意志決定のステップを使い、困っている友だちを助ける方法を複数考え、自分にとって最も良いと思うものを、その理由を考えながら選ぶことができるようになるために、この題材を設定しました。

2 準備するもの

(☺) 活動シート26-1：「友だちを助ける方法を考えよう」

(☺) 活動シート26-2：「ふりかえりシート」

(☺) 掲示用資料26-1：「意志決定のステップ」

(☺) 掲示用資料26-2：「ブレインストーミングの進め方」

・大き目の短冊（A4サイズの半分）

・マジック

活動シート26-1　　　　活動シート26-2

掲示用資料26-1　　　　掲示用資料26-2

3 教育課程との関わり

特別活動　学級活動　特別の教科道徳（B. 主として人との関わりに関すること-(9)）

4 指導過程（概略）

	活動のステップ	活動のポイント	準 備 物
導入	Step 1 意志決定のステップを振り返る	①教師は、「意志決定のステップ」を確認する	掲示用資料26-1「意志決定のステップ」
	Step 2 本時のねらいを確認する	②教師は、本時は活動シート26-1「友だちを助ける方法を考えよう」の事例を読み、困っている友だちを助ける方法を考えることを確認する	活動シート26-1「友だちを助ける方法を考えよう」
展開	Step 3 グループでブレインストーミングをする	①教師は、ブレインストーミングの仕方を説明する ②友だちを助けるための選択肢をできるだけたくさん挙げる	掲示用資料26-2「ブレインストーミングの進め方」 大き目の短冊（Ａ４サイズの半分） マジック
	Step 4 全体交流をし、選択肢を3つ選ぶ	③教師は、選択肢を発表させ、分類整理しながら、短冊を黒板に貼る ④活動シート26-1「友だちを助ける方法を考えよう」2に黒板に貼られた選択肢の中から3つ選んで書く	
	Step 5 選択肢の「よい点」「こまった点」を考える	⑤活動シート26-1「友だちを助ける方法を考えよう」2の「よい点」「こまった点」を考える	
	Step 6 自分が選んだ選択肢とその理由を発表する	⑥活動シート26-1「友だちを助ける方法を考えよう」3を考え、理由とともに発表する	
まとめ	Step 7 本時の学習内容を振り返る	①活動シート26-2「ふりかえりシート」に記入する ②教師は、友だちを助ける方法はたくさんあり、より良い決定をするためには意志決定のステップを活用するとよいことを確認する	活動シート26-2「ふりかえりシート」

5 指導の実際

① 導　入

Step 1 意志決定のステップを振り返る

▶教師は、掲示用資料26-1「意志決定のステップ」を黒板に掲示し、確認します。

> 皆さんは、今朝、朝ご飯を食べましたか。
> ご飯を食べるか、パンを食べるか、何を食べるかは自分で決めたことです。このように自分で決めることを意志決定と言います。特に決めることが難しかったり、大事なことを決めたりする時には、意志決定のステップを使うと、より良い決定をすることができることを学びました。
> 意志決定のステップを確認しましょう。まず赤色の「止まって！」で何を決めなければいけないかを考えます。次に、黄色の「考えよう！」で、選択肢をできるだけたくさん挙げ、それぞれの「よい点」「こまった点」をしっかり考えます。最後に、青色の「決めよう！」で、一番良いと思うものを選んで実行します。
> 今日もこの意志決定のステップを使って、より良い決定をしましょう。

Step 2 本時のねらいを確認する

▶教師は、本時は活動シート26-1「友だちを助ける方法を考えよう」の事例を読み、困っている友だちを助ける方法を考えることを確認します。

ヒント 教師は、児童が事例をイメージしやすいように、ペープサート等で提示の仕方を工夫するとよい。

> では、事例を読みます。
> あなたは、休憩時間に、クラスの友だちとドッジボールをして遊んでいました。そこへ仲良しのA君がやって来て「ドッジボールに入れて」と言いました。すると、B君が「A君は弱いから、またね」と言いました。A君は困って黙り込んでしまいました。
> あなたは、仲間外れにされて困っている仲良しのA君を助けるためには、どうしたらよいでしょうか。
> 今日は、この意志決定のステップを使って一緒に考えていきましょう。

② 展　開

Step 3 グループでブレインストーミングをする

▶教師は、黒板に掲示用資料26-2「ブレインストーミングの進め方」を掲示し、説明をします。

▶教師は、各グループに大き目の短冊30枚程度と人数分のマジックを配付します。

では、ステップ１、赤色の「止まって！」です。今日は、困っている仲良しのＡ君を助けるためには、どうするかを考えます。

次に、ステップ２、黄色の「考えよう！」です。「考えよう！」は、選択肢をたくさん挙げ、それぞれの「よい点」と「こまった点」を考えることです。今日は、たくさんの選択肢を挙げるために、ブレインストーミングを使って考えましょう。ブレインストーミングとは、話し合いの１つの方法です。目的は、グループで協力してたくさんのアイデアを出し合うことです。

やり方を説明します。

①司会者を決めます。

②司会者は短冊を配ります。

③アイデアを思い付いたら手を挙げます。

④司会者に当てられたら、声に出してアイデアを言います。

⑤司会者にＯＫをもらったら、アイデアを短冊にマジックで大きく書きます。

⑥書いた短冊を机の中央に置きます。

これを繰り返します。

次に、ブレインストーミングの３つのルールについて言います。１つ目は、批判厳禁。出されたアイデアは全部認めます。反対をしてはいけません。２つ目は、質より量。良いアイデアを出そうと思わないで、できるだけたくさんのアイデアを出します。３つ目は便乗ＯＫ。友だちの意見を聞き、それに付け加える形で新しいアイデアを出すのもよいでしょう。

ブレインストーミングの話し合いの方法は分かりましたか。

それでは「困っている仲良しのＡ君を助けるためには、どうするか」、３分間ブレインストーミングを行います。始めましょう。

Step 4 全体交流をし、選択肢を３つ選ぶ

▶教師は、選択肢を発表させ、分類整理しながら、短冊を黒板に貼ります。

▶活動シート26-1「友だちを助ける方法を考えよう」の２に黒板に貼られた選択肢の中から３つを選んで書きます。

ブレインストーミングをやめましょう。いくつアイデアが出ましたか。短冊を数えましょう。司会者は枚数を発表してください。

では、一番たくさんのアイデアを考えてくれたグループに拍手をしましょう。一番たくさんのアイデアを考えてくれたグループの司会者は、短冊を前に持ってきてください。先生が読みながら、黒板に貼っていくので、皆さんは、違うアイデアがあるかどうか、よく聞いていてください。

では、他のグループの人は、黒板にないアイデアがあれば教えてください。（短冊を分類

整理しながら黒板に追加して貼る）

仲間外れにされて困っている友だちを助ける方法がたくさん見つかりました。ちょっと立ち止まって考えてみると、こんなに多くの方法が見つかりましたね。

次に、黒板にあるアイデアの中から、自分が良いと思う方法を3つ選んで活動シート26-1「友だちを助ける方法を考えよう」の2「考えよう！」の空いている枠に書きましょう。（全員が記入しているかを確認する）

Step 5 選択肢の「よい点」「こまった点」を考える

▶活動シート26-1「友だちを助ける方法を考えよう」の2の「よい点」「こまった点」を考えます。

3つの選択肢がそろいました。次に、それぞれの選択肢の「よい点」と「こまった点」を考えます。

例えば、良い点は、みんなでドッジボールができるとか、A君も一緒にドッジボールができるなどです。困った点は、けんかになる、A君が泣くなどです。それぞれ、自分で考えて書いてみましょう。

 教師は、「よい点」「こまった点」を考えさせる際に、選択肢を実行したら、どのような結果になるかを予測するようにアドバイスするとよい。

Step 6 自分が選んだ選択肢とその理由を発表する

▶活動シート26-1「友だちを助ける方法を考えよう」の3を考え、理由とともに発表します。

では、最後にステップ3、青色の「決めよう！」です。

活動シート26-1「友だちを助ける方法を考えよう」の2「考えよう！」に書いた3つの選択肢の中から、自分にとって一番良いと思う方法を選んで、3「決めよう！」に書きます。選ぶ時には、「よい点」「こまった点」を参考にして選んでください。

（全員が記入し終えたことを確認して）それでは、発表してもらいます。選んだ理由も一緒に発表してください。（数名の児童に発表させる）

③ まとめ

Step 7 本時の学習内容を振り返る

▶教師は、友だちを助ける方法はたくさんあり、より良い決定をするためには意志決定のステップを活用するとよいことを確認します。

活動シート26-2「ふりかえりシート」を記入してください。
（全員が記入し終えたことを確認して）今日は、「仲間外れにされて困っている友だちを助ける方法」について考えました。今日の学習を通して、助ける方法はたくさんあることが分かりましたね。
これからは、困っている友だちを見つけた時には、「止まって・考えよう・決めよう」のステップを使って考えてください。より良い意志決定ができます。

板書例

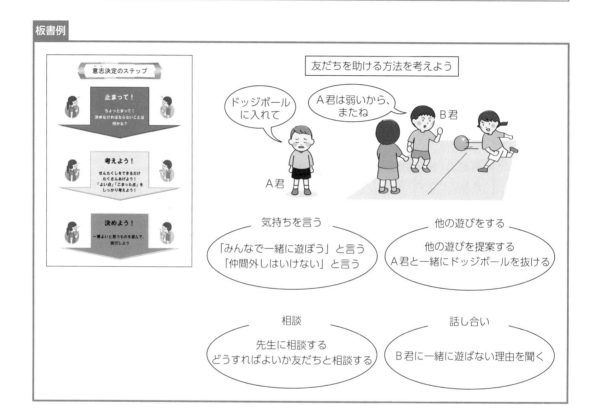

6 家庭や地域と連携した活動

　活動シート26-1「友だちを助ける方法を考えよう」、26-2「ふりかえりシート」を家庭に持ち帰り、学習したことを家族に話すように指導します。また、学級懇談会や学級通信等で学習の様子について知らせ、日常の生活で活用できるように理解を求めます。

自分の気持ちを伝えよう
——仲裁者や支援者になるために、自分の気持ちを上手に伝えることができる——

ユニット **2** いじめ未然防止

1 指導のねらい

・いじめの解決には、自己主張コミュニケーションスキルが効果的であることに気付くことができる
・自己主張コミュニケーションスキルを活用することができる

　4年生は、友人関係の広がりや深まりが増してくる時期です。
　好ましい友人関係を保つために、相手の気持ちを大切にしながら、自分の思いや気持ちを上手に伝えることができるコミュニケーションスキル（自己主張コミュニケーションスキル）を身に付けることが大切です。
　本時では、自分たちの生活の中において、いじめにつながるケースに出会った際、自己主張コミュニケーションスキルを適用し、傍観者から仲裁者や支援者になり、いじめを解決するために行動することができるようになるために、この題材を設定しました。

2 準備するもの

◎ 活動シート27-1：「自分の気持ちを伝えよう」
◎ 活動シート27-2：「ふりかえりシート」
◎ 児童用資料27-1：「コミュニケーションの3つのタイプ」
◎ 掲示用資料27-1：「ロールプレイングの進め方」
◎ 掲示用資料27-2：「いじめ集団の四層構造モデル」
◎ 役割カード：「わたし」「A君」（各1枚をグループ分）
・リボン

活動シート27-1

活動シート27-2

役割カード

児童用資料27-1

掲示用資料27-1

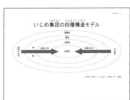
掲示用資料27-2

③ 教育課程との関わり

特別活動　学級活動

④ 指導過程（概略）

	活動のステップ	活動のポイント	準 備 物
導入	**Step 1** 活動シート27-1「自分の気持ちを伝えよう」1に記入する	①教師は、活動シート27-1「自分の気持ちを伝えよう」1の課題を読み、どう言うかを数名に発表させた後、個々に記入させる	活動シート27-1「自分の気持ちを伝えよう」
導入	**Step 2** 本時のねらいを確認する	②教師は、本時は友だち同士のトラブルを解決するために、自分の気持ちをどのように伝えるかを考えることを伝える	
展開	**Step 3** コミュニケーションの3つのタイプについて知る	①教師は、児童用資料27-1「コミュニケーションの3つのタイプ」について説明する ②教師は、トラブルを解決するためには、相手の気持ちを考えた上で、「はっきりタイプ」で伝えることが効果的であることを説明する	児童用資料27-1「コミュニケーションの3つのタイプ」
展開	**Step 4** 活動シート27-1「自分の気持ちを伝えよう」2に、「はっきりタイプ」になるよう再考し記入する	③教師は、活動シート27-1「自分の気持ちを伝えよう」2に、「はっきりタイプ」の伝え方になるように言葉を再度考え記入させる ④教師は、表情や身振りについても書くように指示する	
展開	**Step 5** グループでロールプレイングをする	⑤教師は、ロールプレイングの進め方について説明する ⑥教師は、観察役は活動シート27-1「自分の気持ちを伝えよう」3に、記録しながら見るように伝える ⑦1人が終わるごとに観察役は気付きを伝える	掲示用資料27-1「ロールプレイングの進め方」 役割カード「A君」「わたし」 リボン
まとめ	**Step 6** 本時の学習内容を振り返る	①活動シート27-2「ふりかえりシート」に記入する ②教師は、「はっきりタイプ」で伝えることは、いじめの傍観者にならないための方法の1つであることを伝える	活動シート27-2「ふりかえりシート」 掲示用資料27-2「いじめ集団の四層構造モデル」

① 導　入

Step 1　活動シート27-1「自分の気持ちを伝えよう」1に記入する

▶教師は、活動シート27-1「自分の気持ちを伝えよう」の1の事例のような場面で、どう言うかを数名に発表させ、個人の考えを記入させます。

ヒント　教師は、児童が場面設定をイメージしやすいように、写真や絵を示すなど工夫するとよい。

> 活動シート27-1「自分の気持ちを伝えよう」の問題をまず読みますので聞いてください。
> 休日、サッカーの試合をしました。負けてくやしかったA君は、来なかったB君のせいにして怒っています。
> 次の日、学校でA君は、「B君のせいでサッカーの試合に負けてしまった」と言いふらしていました。それを聞いたクラスのみんなは困っています。B君もしょんぼりしています。
> さあ、あなたは、この状況をよくするために、A君にどう言いますか。A君に言う「せりふ」を考えてみましょう。
> それでは、発表してください。（数名の児童に発表させる）
> 発表を聞いて、あなたならどう言うかを活動シート27-1「自分の気持ちを伝えよう」の1に、書いてみましょう。（全員が記入し終えたことを確認する）

Step 2　本時のねらいを確認する

▶教師は、本時は友だち同士のトラブルを解決するために、自分の気持ちをどのように伝えるかを考えることを伝えます。

> 今日は、友だちとの間で、ちょっと困ったな、トラブルになるのではないか、いじめに繋がるのではないかと不安になるような出来事が起こった時、それを解決するために、自分の気持ちをどのように伝えるかについて、考えていきます。

② 展　開

Step 3　コミュニケーションの3つのタイプについて知る

▶教師は、児童用資料27-1「コミュニケーションの3つのタイプ」について説明します。
▶教師は、不安や悩みを解決するためには、「はっきりタイプ」（自己主張コミュニケーション）で伝えることが効果的であることを説明します。

人と人とが自分以外の人に、気持ちや考えを伝え合うことを、コミュニケーションと言います。このコミュニケーションには、いろいろな方法があります。例えば、言葉を使って話す、書いて文字で伝える、ボディーランゲージもその1つなのです。

児童用資料27-1「コミュニケーションの3つのタイプ」を見てください。

まず、1つ目は「弱気タイプ」です。「うーん」「あの…その」「でも」など、おどおどして自信なさげに感じます。

次に、「けんかタイプ」です。「おい、どけよ」など怒ったり、脅したり、どこかこわいと感じさせてしまいます。

3つ目のタイプは、「はっきリタイプ」です。相手の気持ちも考えながら、しっかりと自分の考えを伝える話し方です。

どのタイプが、相手に気持ちを上手に伝えられそうですか。(児童に考えさせ、挙手や指名で発表させる)

そうです、相手の話を理解した上で、自分の考えをはっきり言う「はっきリタイプ」です。この「はっきリタイプ」のことを自己主張コミュニケーションとも言います。

ヒント 児童用資料27-1「コミュニケーションの3つのタイプ」を説明する際、教師が演じて説明するなどの工夫があると効果的である。

　　例：あなたが列に並んでいたら、休憩時間が短くなるからと言ってA君が割り込んできた場面などを想定して、

　　　　弱気タイプ：「うーん…あの…その…。割り込みでは…。でも…どうしよう。」

　　　　けんかタイプ：「おい、どけよ。じゃま！　あっち行け。」

　　　　はっきリタイプ：「みんな順番を待っている。私なら後ろに並ぶよ。あなたも後ろに並んでね。」

Step 4 活動シート27-1「自分の気持ちを伝えよう」2に、「はっきリタイプ」になるよう再考し記入する

▶教師は、活動シート27-1「自分の気持ちを伝えよう」の2に、「はっきリタイプ」の伝え方になるように、言葉を再度考えて記入させます。

▶教師は、表情や身振りなどのボディーランゲージについても書くように指示します。

児童用資料27-1「コミュニケーションの3つのタイプ」を参考にして、活動シート27-1「自分の気持ちを伝えよう」の1の「せりふ」で良かったかどうか、もう一度考えてみましょう。

「はっきリタイプ」(自己主張コミュニケーション)で自分の気持ちを伝えるには、どのように言えばよいでしょうか。大切な友だちを傷つける言い方は困りますね。相手の気持ちも考えた上で、自分が良いと思う「せりふ」を2に書きましょう。はっきり言いにくい時は、「わたし」を主語にすると、人に嫌な思いをさせず、はっきりと伝わります。例えば、「わたしは…こう思うよ」などです。

合わせて、その「せりふ」を言う時の表情や身振りなどのボディーランゲージも考えて書いてみましょう。(全員が記入したことを確認する)

Step 5 グループでロールプレイングをする

▶教師は、掲示用資料27-1「ロールプレイングの進め方」を示しながら、説明をします。

ヒント 教師は、あらかじめ3人程度のグループを作っておく。
教師は、掲示用資料27-1「ロールプレイングの進め方」を事前に拡大し、準備をしておく。

役割カード（例）

首からかける
ことができる
長めのリボン

ロールプレイングの進め方について、説明します。（掲示用資料27-1「ロールプレイング
の進め方」を掲示）
このロールプレイングの目的は、トラブルになりそうな時に、相手に嫌な思いをさせない
で自分の気持ちをうまく伝えられるようになることです。
　①役を決めます。「わたし」「A君」「観察役」です。
　②「わたし」と「A君」役の人は、役割カードを付けます。
　③先生の「用意、始め」の合図があったら演技を始めます。
　「わたし」役は、自分の考えた「せりふ」と表情や身振りなどのボディーランゲージ
　を使って、「はっきりタイプ」（自己主張コミュニケーション）で自分の気持ちを伝え
　ます。
　④先生の「やめ」の合図で演技を終えてください。観察役は、「わたし」役の人が、
　「はっきりタイプ」（自己主張コミュニケーション）で自分の気持ちを伝えているかを
　チェックし、演技が終わったら、言葉・表情・身振り手振りについて感想を伝えます。
では、「わたし」「A君」役の人は、役割カードを付けましょう。
（始めと終わりの合図をする。全員が終わるまで繰り返す）

ヒント 教師は、グループの進行状況を見ながら、「始め」「終わり」の合図を出す。
演技後には、感想の伝え合いの状況を見ながら、次の演技の合図を出す。

③ まとめ

Step 6 本時の学習内容を振り返る

ヒント 教師は、掲示用資料27-2「いじめ集団の四層構造モデル」を掲示する。

▶活動シート27-2「ふりかえりシート」に、学習の振り返りを記入します。
▶教師は、トラブルを解決するためには、「はっきりタイプ」（自己主張コミュニケーション）で自
　分の気持ちを伝えることが効果的であることを確認します。

皆さんに、ロールプレイングで、考えた「せりふ」を表情や身振りなども使って実際に演じてもらいました。今日のこの場面は、放っておくとみんなを巻き込んでいじめに繋がるかもしれません。道徳でも学習したように、いじめには四層構造があり、直接いじめる人、はやしたてたり面白がったりする人、そして黙って見ている人がいます。（いじめ集団の四層構造モデルを示して説明する）直接その人自身がいじめていなくても、黙って見ているだけでも、いじめに加わったことになります。いじめをなくすためには、黙って見ている人が自分にできる行動を起こすことが大切です。

でも、今日皆さんは、いじめに繋がりそうな場面でも黙って見ていないで、自分の気持ちをうまく伝えることを学びました。

友だち同士のトラブルでも、友だちの気持ちをしっかり考えてから、自分の気持ちを「はっきりタイプ」（自己主張コミュニケーション）で伝えることで、友だちもあなたの気持ちを理解してくれ、トラブルを大きくしないことにも繋がるのです。その行動は、きっと良い解決に繋がっていくことでしょう。そして、困っている友だちに、「ひとりじゃないよ」「あなたが大切」というメッセージが伝えられるとよいですね。それが大きな支えと力になります。

今日の学習を振り返って、活動シート27-2「ふりかえりシート」に記入しましょう。

板書例

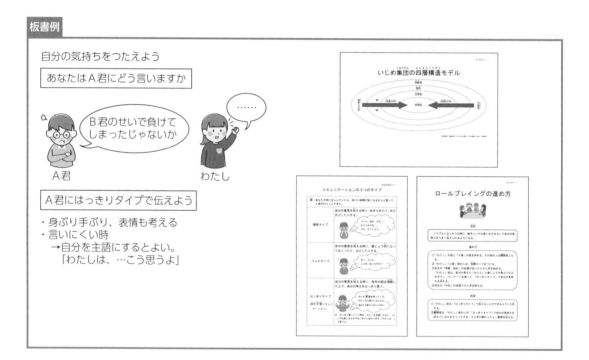

6 家庭や地域と連携した活動

　児童用資料27-1「コミュニケーションの3つのタイプ」を家庭に持ち帰り、家族それぞれがどんなタイプのコミュニケーションを行っているか、一緒に考えてもらう機会とします。

参考文献

WHO 編：WHO ライフスキル教育プログラム（JKYB 研究会訳）、大修館書店、東京、2006.9

ナサニエル・ブランデン：「自己評価」入門自信を育てる心理学（手塚郁恵訳）、春秋社、東京、1992

JKYB ライフスキル教育研究会（代表川畑徹朗）編：JKYB「きずなを強める心の能力」を育てるライフスキル教育プログラム小学校 5 年生用、東山書房、京都、2008.11

JKYB ライフスキル教育研究会（代表川畑徹朗）編：JKYB「しなやかに生きる心の能力」を育てるライフスキル教育プログラム小学校 6 年生用、東山書房、京都、2010.1

JKYB ライフスキル教育研究会（代表川畑徹朗）編：JKYB 心の能力を育てるライフスキル教育プログラム中学生用レベル 1、東山書房、京都、2005.7

JKYB ライフスキル教育研究会（代表川畑徹朗）編：ライフスキルを育む思春期の心と体　授業事例集、東京法令出版、東京、2014.1

JKYB ライフスキル教育研究会（代表川畑徹朗）編：レジリエンシー（しなやかに生きる心の能力）を育む JKYB いじめ防止プログラム―中学生版―、JKYB ライフスキル教育研究会、伊丹、2020.7

JKYB ライフスキル教育研究会（代表川畑徹朗）編：レジリエンシー（しなやかに生きる心の能力）を育む JKYB いじめ防止プログラム―小学校高学年版―、JKYB ライフスキル教育研究会、伊丹、2022.2

JKYB ライフスキル教育研究会（代表川畑徹朗）編：ライフスキル（心の能力）の形成を目指す第27回（2018年）JKYB ライフスキル教育・健康教育ワークショップ報告書、JKYB ライフスキル教育研究会、伊丹、2018.11

文部科学省：生徒指導提要、文部科学省、東京、2022.12

内閣府：我が国と諸外国の若者の意識に関する調査、
https://www8.cao.go.jp/youth/kenkyu/ishiki/h30/pdf-index.htmlh、東京、2018

文部科学省：「令和の日本型学校教育の構築」を目指して～全ての子供たちの可能性を引き出す、個別最適な学びと、協働的な学びの実現～（中央教育審議会答申）【概要】
https://www.mext.go.jp/content/20210126-mxt_syoto02-000012321_1-4.pdf、2022.10

森田洋司：いじめとは何か、中公新書、2010.7

ダン・オルヴェウス、スーザン・P・リンバー：オルヴェウス・いじめ防止プログラム―学校と教師の道しるべ、現代人文社、2013.12

汐見稔幸：2017年告示新指針・要領からのメッセージ　さあ、子どもたちの「未来」を話しませんか、小学館、東京、2018.7

セルジュ・ティスロン：レジリエンス―こころの回復とはなにか、白水社、2016.12

本書付録の CD-ROM について

　付録の CD-ROM には、本書に掲載した教材が収録されています。CD-ROM に収録した教材は、準備するものにロゴマークを付記しています。

【動作環境】
・付録の CD-ROM は、Windows10を搭載したパソコンで動作確認をしています。
・PDF ファイルの利用には、Adobe Reader / Adobe Acrobat が、ご使用のパソコンにインストールされていることが必要です。
＊ Adobe Reader は、アドビシステムズ社のウェブサイトから無償でダウンロードできます。

【ご使用にあたって】
・CD-ROM に収録されたデータは、非営利の場合のみ使用できます。ただし、下記の禁止事項に該当する行為は禁じます。なお、CD-ROM に収録されたデータの著作権、また使用を許諾する権利は、本書著者・株式会社東山書房が有するものとします。

【禁止事項】
・本製品中に含まれているデータを本製品から分離または複製して、独立の取引対象として販売、賃貸、無償配布、貸与などをしたり、インターネットのホームページなどの公衆送信を利用して頒布（販売、賃貸、無償配布、貸与など）することは営利・非営利を問わず禁止いたします。また、本製品販売の妨げになるような使用、公序良俗に反する目的での使用や名誉棄損、そのほかの法律に反する使用はできません。
・以上のいずれかに違反された場合、弊社はいつでも使用を差し止めることができるものとします。

【免責】
・弊社は、本製品に関して如何なる保証も行いません。本製品の製造上の物理的な欠陥については、良品との交換以外の要求には応じられません。
・本製品を使用した場合に発生した如何なる障害及び事故等について、弊社は一切責任を負わないものとさせていただきます。
・CD-ROM が入った袋を開封した場合には、上記内容を承諾したものと判断させていただきます。

監修者略歴

川畑徹朗（かわばた・てつろう）

東京大学教育学部体育学健康教育学科卒、同大学院教育学研究科（健康教育学専攻）修士課程修了、同博士課程を中退後、同助手を経て、神戸大学教育学部講師、同助教授、神戸大学大学院人間発達環境学研究科教授。2017年3月に神戸大学を退職し、同年4月に神戸大学名誉教授。

1988年よりJKYBライフスキル教育研究会代表。

著者略歴

池田真理子（いけだ・まりこ）

福山平成大学　就実大学　非常勤講師。

広島県立看護専門学校（公衆衛生看護科）卒業後、福山市立小学校養護教諭、福山市教育委員会事務局指導主事（学校保健課）、福山市立箕島小学校教頭、福山市立野々浜小学校校長を経て定年退職。2018年3月、関西福祉大学大学院看護学研究科修士課程修了。

JKYBライフスキル教育研究会運営委員、JKYBライフスキル教育研究会中国・四国支部長。

青山俊美（あおやま・としみ）

府中市立府中明郷学園　教頭。

上越教育大学（学校教育学部）卒業後、福山市立小学校教諭、府中市立小学校・義務教育学校勤務。

JKYBライフスキル教育研究会コーディネーター、JKYBライフスキル教育研究会中国・四国支部員。

ウェルビーイングをデザインする

──未来に生きる子どもたちが自分で決めてつながる力をはぐくむ──

ライフスキル教育プログラム小学校低・中学年用

2023年10月23日　第1版第1刷発行

著　者　　池田真理子・青山俊美
監　修　　川畑徹朗

発行者　　山本敬一
発行所　　株式会社東山書房
　　　　　〒604-8454　京都市中京区西ノ京小堀池町8-2
　　　　　TEL：075-841-9278　050-3486-0489（IP）／FAX：075-822-0826
　　　　　URL：https://www.higashiyama.co.jp
印刷所　　創栄図書印刷株式会社

©2023　池田真理子　青山俊美　Printed in Japan　　　ISBN978-4-8278-1596-2